Rolf Dobelli

Fragen an das Leben

Diogenes

Diese Kolumnen wurden von
Oktober 2013 bis Oktober 2014 im *stern*
veröffentlicht und für dieses Buch
in leicht veränderter und gekürzter Form
neu zusammengestellt
Umschlaggestaltung von Kobi Benezri
Buchschleife mit freundlicher Genehmigung
des *stern*, Hamburg

Copyright © 2014
Diogenes Verlag AG Zürich
www.diogenes.ch
300/14/44/1
ISBN 978 3 257 06901 3

Inhalt

Sind Sie sicher, dass Sie wissen, was Sie glücklich macht?

Glück

Wäre die Welt gerechter, wenn Glückliche eine Steuer auf ihr Glück bezahlen müssten?

*

Gibt es einen Menschen, mit dem Sie Ihr Leben tauschen möchten – unter der Bedingung, dass Sie alles Positive und Negative dieses Menschen übernehmen? Falls nicht, wie erklären Sie sich, dass Sie nicht vor Glückseligkeit strotzen?

*

Angenommen, Sie sind sehr glücklich. Stellen Sie Ihr Glück zur Schau, oder nehmen Sie Rücksicht auf die weniger Glücklichen?

*

Würden Sie den Sinn des Lebens akzeptieren, wenn er in Wahrheit hauptsächlich aus Handlungen bestünde, die Sie unglücklich machen?

*

Wie viele, die sich glücklich glauben, sind es wirklich?

*

In welche Haut würden Sie schlüpfen, wenn Sie aus Ihrer eigenen herauswollen?

Wenn Sie das Leben als Geschenk bezeichnen:
Wie herzlich hätten Sie sich nach dem Auspacken dafür
bedankt?

*

Brauchen Sie einen Grund, um unglücklich zu sein?
Sind Sie ein bisschen weniger unglücklich, wenn Sie
einen Grund gefunden haben?

*

Macht es Ihnen Spaß, einen Abend in der Gesellschaft
von Menschen zu verbringen, die davon überzeugt sind,
den Sinn des Lebens gefunden zu haben?

*

Sind Sie noch immer auf der Suche nach dem Sinn
im Leben, oder haben Sie den Unsinn schon gefunden?

*

Macht es einen Unterschied, ob ein anderer Ihren
Lottoschein ausfüllt?

*

Schließen Sie aus der Tatsache, dass Tiere keinen
Selbstmord begehen, dass Tiere glücklicher sind als
Menschen?

Angenommen, Sie könnten über Wasser gehen:
Welchen Weg würden Sie einschlagen?

*

Wann sind Sie das letzte Mal bei einer Blume stehen
geblieben?

Wie oft kommt es vor, dass Sie am Ziel ankommen, und es stellt sich heraus, dass es das Ziel anderer ist?

Lebensstrategie

Wofür haben Sie bisher gelebt?

*

Wie hoch ist der Realisierungsgrad Ihrer bisherigen Lebensstrategie?

*

Hoffen Sie auf eine private Renaissance?

*

Ab welchem Alter haben Sie aufgehört, Ihre Eltern für Ihr Schicksal verantwortlich zu machen, oder tun Sie es noch immer?

*

Wie viele radikale Neuanfänge in Ihrem Leben haben Sie versucht, und wie viele sind Ihnen geglückt?

*

Welche Kollateralschäden nehmen Sie für einen Neuanfang in Kauf?

*

So viele Möglichkeiten im Leben! Würden Sie sie ernster nehmen, wenn es weniger gäbe?

Wie häufig, wenn Sie aus Ihrem Leben ausbrechen, landen Sie bloß in der nächsten Zelle?

*

Wenn Ihr Lebensweg, wie es ab und an vorkommt, eine Hauptstraße kreuzt, gewähren Sie anderen den Vortritt, oder riskieren Sie eine Kollision?

*

Gibt es Wegweiser, die Ihren Weg versperren?

*

Wie leicht fällt es Ihnen, innere Grenzen zu überwinden, oder scheitern Sie schon am Zöllner, der Sie nach den fehlenden Ausreisepapieren fragt?

*

Gesetzt den Fall, man würde Ihnen ein Denkmal errichten. Welches wäre der wahrscheinlichste Grund?

*

Verändern Sie Ihr Umfeld stärker, als Sie von Ihrem Umfeld verändert werden, oder verhält es sich andersherum?

Können Sie loslassen, ohne sich an etwas Neuem festzuhalten?

*

Angenommen, es gäbe Sie nicht. Was – außer Ihnen – würde der Welt fehlen?

Würden Sie weniger
atmen, wenn Luft einen
Preis hätte?

Geld

Gibt es Reiche, die Sie nur deshalb interessieren,
weil sie reich sind?

*

Ab wie viel Millionen, glauben Sie, nimmt der Nutzen
von Reichtum ab, weil man ihn verwalten, versichern,
verstecken oder verteidigen muss?

*

Gibt es Menschen, die Sie um ihre Armut beneiden?

*

Finden Sie Trinkgelder in Ordnung?

*

Finden Sie Trinkgelder bei Ärzten in Ordnung?

*

Wie täuschen Sie Interesse vor, wenn – zum Beispiel bei einem Dinner an Banketttischen –, über die
Aussichten von Aktienfonds gesprochen wird?

*

Stört Sie Neid? Bei Ihnen? Bei anderen?

Ist Neid auf Neidlose besonders schäbig?
Oder besonders verständlich?

*

Jemand schenkt Ihnen eine Kinokarte. Zwei Filme
stehen zur Auswahl: »Vom Tellerwäscher zum
Millionär« und »Vom Millionär zum Tellerwäscher«.
In welchen Film gehen Sie?

*

Wie sympathisch sind Ihnen Menschen, die aus
steuerlichen Gründen an hässliche Orte ziehen?

*

Wären Sie lieber ein reicher Bettler oder ein armer
Fürst?

*

Wenn Sie einem Bettler Geld geben, machen Sie
den Betrag davon abhängig, wie viel er von anderen
bekommt?

*

Wie viel Überfluss braucht der Mensch mindestens?

Erwarten Sie von Reichen, dass sie ihren Reichtum
mit einer Extraportion Sympathie kompensieren?

*

Wo ist die Börse, an der man äußeren gegen inneren
Reichtum tauschen kann?

*

Wie hoch wäre eine realistische Versicherungssumme
für ein Huhn, das goldene Eier legt? Bitte mit Her-
leitung, und verwenden Sie den aktuellen Goldpreis
bei der Kalkulation.

Freut es Sie ein bisschen,
wenn die Kosten, die
Sie mit Ihrer Krankheit
verursacht haben, höher
sind als Ihre Kranken-
kassenprämien?

Alter

Was kommt zuerst?

a) Sie nehmen junge Menschen nicht mehr ernst.

b) Junge Menschen nehmen Sie nicht mehr ernst.

*

Wie überzeugen Sie Gott, dass er Ihnen ein Late
Check-out für Ihr Leben gewährt?

*

Falls Sie sehr alt werden: Möchten Sie eine Ausnahme
sein, oder möchten Sie, dass Ihr Alter der durchschnittlichen Lebenserwartung entspricht?

*

Wenn Sie junge Menschen beobachten, ihre Leichtigkeit, ihre Vitalität, ihre Lebenslust, wenn sie zum
Beispiel auf einer Wiese sitzen, Grashalm im Mund,
lachend, gestikulierend, trunken von der Gewissheit,
dass alles möglich sei – sind Sie dann neidisch?
Oder trösten Sie sich mit der Tatsache, dass Sie dieser
Illusion nicht mehr unterliegen?

*

Was würden Sie hergeben, um sich noch einmal so zu
fühlen?

Was gäbe Ihnen das Recht, sich ungefragt zu diesen jungen Menschen zu setzen, um etwas von ihrer Lebenslust einzuatmen?

*

Beunruhigt Sie die Tatsache, dass Sie vor einigen Jahrzehnten als hirnlose Eizelle gelebt haben – oder bestärkt Sie diese Tatsache darin, dass aus Ihnen etwas geworden ist?

*

Glauben Sie an eine Korrelation zwischen Alter und Reife?

*

Jahrelang sind Sie an einem schönen Haus vorbeispaziert und träumten davon, darin zu wohnen. Plötzlich steht es zum Verkauf. Sie erwägen, rechnen, führen erste Gespräche mit Banken. Die Besitzer signalisieren, dass Sie es haben könnten. Doch dann bekommen Sie kalte Füße. Sie sind unsicher, ob das Haus finanziell tragbar ist, und bleiben in Ihrer engen Mietwohnung. Dreißig Jahre später stellt sich heraus, dass Sie es problemlos hätten kaufen können. Ärgert es Sie, dass das Geld, das Ihnen einen Traum hätte erfüllen können, nun unverbraucht an die Erben fließt?

Nimmt Ihr Schatten mit dem Alter zu oder ab?

*

Möchten Sie, dass Sie bis zum letzten Jahr Ihres
Lebens kein Leid empfinden und dann alles auf einmal
wie eine dicke Kanonenkugel? Oder ist Ihnen die
heutige Situation lieber: das Leid über die Zeit verteilt
in kleinen Kügelchen wie aus einer Schrotflinte?

*

Fühlt sich der Mann mit einer jungen Frau jünger –
oder älter, weil ihm sein Alter erst recht bewusst wird?

*

Wäre es Ihnen erträglicher, wir würden alle am
Gleichen sterben?

Ab welchem Alter wird Politisieren taktlos, weil die Konsequenzen nicht mehr einen selbst betreffen, sondern nur noch die anderen?

Politik

Gesetzt den Fall, es gäbe eine Weltregierung:
Welcher heute lebende Politiker wäre der geeignetste
Weltpräsident?

*

Wie viele Themen, die Ihnen am Herzen liegen,
sind weder links noch rechts?

*

Wann haben Sie zum letzten Mal Ihre politische
Richtung geändert? (Angabe des Alters)
Empfinden Sie diese Beharrlichkeit als Reife?

*

Könnten Sie mit jemandem liiert sein, der seine
politischen Ansichten häufiger wechselt als seine
Lebenspartner?

*

Zahlen Sie gern Steuern, oder wäre es Ihnen lieber,
für jede Dienstleistung – Benutzung der Straße,
des Straßenlichts, der öffentlichen Parkbänke etc. –
separat zu bezahlen?

*

Was meint der Politiker, wenn er sagt, er übernehme
die Verantwortung, und dann tritt er nicht ab?

Möchten Sie die Fähigkeit haben zu hören,
was Politiker nicht sagen, und dafür das nicht zu
hören, was sie sagen?

*

Wo stehen Sie geopolitisch?

*

Es ist Frühling, aber kein Blatt sprießt: Was konkret
unternehmen Sie als Politiker?

*

Treffen gebildete Politiker nachweislich bessere
Entscheidungen?

*

Wer ist für die Geldpolitik zu Hause zuständig?

*

Ist Ihnen die Demokratie noch von Nutzen?

*

Hätten Sie als aufgeklärter König von sich aus die
Demokratie eingeführt? Begründen Sie in Stichworten.

Was in Ihnen hält das Vertrauen in die Demokratie auf-
recht, auch wenn Sie die Wähler dieser Demokratie am
Oktoberfest sehen oder in einer Reality-TV-Sendung?

*

Wie viel komplizierter wäre die Welt, wenn es keine
Machtlosen gäbe?

Wenn der Weg das Ziel ist:
Kommt es dann darauf
an, in welcher Richtung
man ihn beschreitet?

Leben

Was haben Sie in den letzten zwei Jahren gemacht,
um seelisch auf dem neuesten Stand zu bleiben?

*

Mögen Sie Ihren Namen?

*

Fänden Sie es begrüßenswert, wenn Sie Ihren Namen
bei Erreichen der Volljährigkeit selbst wählen könnten,
so, wie Sie alles andere frei bestimmen können?

*

Gibt es Scherben in Ihrem Leben, an denen Sie sich
immer wieder verletzen? Was hindert Sie daran,
sie wegzuwerfen? Hoffen Sie, sie eines Tages wieder
zusammensetzen zu können?

*

Welches Zwischenzeugnis würde Ihnen Gott ausstellen?

a) … hat die übertragenen Arbeiten stets zu unserer
vollsten Zufriedenheit erledigt.
b) … hat die übertragenen Aufgaben zu unserer
Zufriedenheit erledigt.
c) … hat immer sein/ihr Bestes gegeben.

d) … fand durch seine umgängliche Art schnell Anschluss.

e) … fiel durch originelle Gedankengänge auf.

f) … machte sich niemals strafbar.

g) … wir wünschen ihm / ihr alles Gute bei neuen Herausforderungen.

*

Haben Sie Schwierigkeiten, tagsüber durchzuschlafen?

*

Angenommen, Sie wären eine Nebenfigur in einem Roman, der zur Pflichtlektüre fürs Abitur gehört. Wie, glauben Sie, würden die Schüler diese Nebenfigur beschreiben? Versuchen Sie's in einem Satz.

*

Wie lautet der Straßenzustandsbericht für Ihren Weg durchs Leben?

*

Kommen Sie leicht mit Tieren ins Gespräch?

*

Wie lange gelingt es Ihnen, Menschen zu beobachten, ohne sie zu bewerten?

Wie dünn ist das Eis, auf dem Sie sich bewegen –
a) beruflich, b) privat, c) moralisch? Angabe in Zenti-
metern.

*

Gesetzt den Fall, jemand hätte eine wahrheitsgetreue
Biographie über Sie geschrieben. Würden Sie das Buch
empfehlen?

Was geht schneller:
Menschen in Ihr Leben
zu lassen oder Menschen
aus Ihrem Leben zu
werfen?

Die Anderen

Wenn Ihnen jemand zu nahe tritt, fürchten Sie sich mehr vor dem, was der andere in Ihnen entdecken könnte, oder vor dem, was Sie im anderen entdecken könnten?

*

Fällt es Ihnen leicht zu schweigen, wenn alle schweigen, oder fühlen Sie sich dann für das Gespräch verantwortlich?

*

Nennen Sie die Anzahl Hände, die Sie in Ihrem Leben geschüttelt haben. Ungefähre Angabe genügt.

*

Wie viele dieser Hände haben Sie wirklich berührt?

*

Welche Hände würden Sie nie schütteln?

*

Wie gut leben Sie mit der Tatsache, dass Milliarden von Menschen sich ebenfalls für das Zentrum des Universums halten? Oder hätten Sie lieber ein einziges, objektives Zentrum?

Wie viel menschliche Wärme empfangen Sie,
wie viel senden Sie aus, und wie hat sich dieses
Verhältnis im Lauf der Jahre entwickelt?

*

Wenn Sie jemandem schmeicheln, der Ihnen nicht
zurückschmeichelt – welches Gefühl empfinden Sie
dann?

*

Bei welchen Menschen wäre es Ihnen lieber,
Sie würden weniger über ihr Leben wissen?

*

Wie oft kritisieren Sie Ihren Lebenspartner für Persönlichkeitseigenschaften, für die er / sie nichts kann?

*

Mögen Sie Leute mehr, als Sie selbst gemocht werden?

*

Wofür wird man Ihre Generation in hundert Jahren
loben?

*

Hält sich, was Sie an den anderen loben, die Waage
mit dem, was die anderen an Ihnen loben?

Erwarten Sie zwischenmenschliche Schwierigkeiten
auch im nächsten Leben?

*

Sind Sie froh, dass Sie nicht alles wissen, was andere
über Sie denken?

Ist Ihre Ehe so etwas wie ein Parkplatz?

Ehe

Wenn die Toilettenpapierrolle zu Ende ist,
wechseln Sie sie selbst, oder überlassen Sie es Ihrem
Mann/Ihrer Frau?

*

Was geht Ihnen durch den Kopf, wenn Sie Ihren
schlafenden Mann/Ihre schlafende Frau betrachten?

*

Haben die vergangenen Jahre mehr Vorteile Ihres
Lebenspartners zutage gefördert oder mehr Nachteile?

*

Versuchen Sie, Eheproblemen auf den Grund zu gehen,
oder suchen Sie lieber schnelle, pragmatische Lösun-
gen? Verdeutlichen Sie Ihr Verhalten an einem Beispiel.

*

Beschreiben Sie in Stichworten die strategischen Ziele
Ihrer Ehe.

*

Wenn sich Ihre Partnerin/Ihr Partner tiefsinnigere
Gespräche wünscht, ohne ein spezifisches Thema
vorschlagen zu können, welches wäre die falsche
Reaktion?

a) Sie schlagen ein praktisches Thema vor – Umbau der Küche, Schulnoten der Kinder, Recycling der Abfälle.

b) Sie zeigen mit Begeisterung auf irgendeine Bergspitze, benennen sie und tun so, als hätten Sie den Wunsch nicht gehört.

c) Sie bestehen darauf, dass man ein Thema braucht, um sinnvoll diskutieren zu können, und dass Ihre Partnerin / Ihr Partner doch bitte, BITTE, ein Thema vorschlagen solle.

d) Sie zitieren Sartre, Kierkegaard oder irgendeinen anderen Philosophen zur »Absurdität des Daseins«, in der Hoffnung, Ihre Partnerin / Ihr Partner würde das Thema als tiefsinnig genug, aber letztlich unergiebig empfinden.

e) Sie verdrehen die Augen.

f) Sie verweisen darauf, dass Sie ein Mann / eine Frau der Tat sind, nicht der vielen Worte.

g) Sie schlagen vor, Ihre Partnerin / Ihr Partner soll die tiefsinnigen Gespräche doch im Freundeskreis suchen.

h) Sie skizzieren einen Traum, an den Sie sich erinnern können.

i) Sie haben sich – weil es nicht das erste Mal vorkommt – auf die Frage vorbereitet und nennen das
Thema der dieswöchigen Philosophie-Talkshow.

j) Sie sehnen sich nach der Zeit vor dem Krieg,
als eine Frau noch vollständig mit Haushalts- und
Erziehungsarbeiten eingedeckt war und ein Mann
im Stall – und Sie sagen es auch.

k) Sie wagen tatsächlich die Frage: »Was, mein Schatz,
könnten wir an unserer Beziehung noch verbessern?«

*

»Das war nicht ich, das waren meine Hormone.«
Warum darf das eine Frau, aber kein Mann sagen?

*

Hat Ihre Ehe zu den erwarteten Synergien geführt?

*

Gesetzt den Fall, Sie sind unglücklich verheiratet:
Wie groß ist die Gefahr, dass Ihre Ehe ewig hält?

*

Haben Sie schon einmal aus finanziellen Gründen
die Scheidung nicht eingereicht? Falls ja, sind Sie heute
froh darüber?

Welche Persönlichkeitseigenschaften erwarten Sie
von Ihrem Lebenspartner, welche von Ihrem Haustier?
Wie groß sind die Übereinstimmungen?

*

Was würden Sie Ihrem Ehepartner nicht verzeihen?

a) Betrug
b) Betrug in Gedanken
c) dass sie/er über Ihre Witze nicht lacht
d) Ironie Ihnen gegenüber
e) mangelnde Bewunderung
f) Geschnatter hinter Ihrem Rücken
g) unautorisiertes Verwenden Ihrer Kreditkarte
h) dass sie/er Sie zur Paartherapie schleppt
i) Vernachlässigung des Haushalts
j) den Gang zur Presse
k) Kritik jeglicher Art
l) Unabhängigkeit von Ihnen

*

Wünschen Sie Ihrem Lebenspartner, dass er/sie kurz
nach Ihrem Tod einen anderen Lebenspartner findet,
mit dem er/sie glücklich ist? Warum? Warum nicht?

Wünschen Sie Ihrem Lebenspartner, dass er/sie kurz nach Ihrem Tod einen anderen Lebenspartner findet, mit dem er/sie glücklicher ist als mit Ihnen? Warum nicht?

Sehen Sie sich eher
als Wächter Ihrer
Gedanken oder als deren
Gefangener?

Gedanken

Wie viel Geld braucht man mindestens, um unabhängig denken zu können?

*

Wie viel, um das Gedachte öffentlich zu artikulieren?

*

Haben Sie den Anspruch, jeden Gedanken konsequent zu Ende zu denken, oder überlassen Sie das den anderen?

*

Unter der Dusche kommen einem oft die besten Ideen. Wo kommen Ihnen die schlechtesten Ideen?

*

Muss eine Idee, damit sie Ihnen gefällt, nützlich sein?

*

Empfinden Sie Ihr Gedankengut als Reichtum?
Falls ja, wie viel wäre Ihnen eine Versicherung wert?

*

Wie viele innere Stimmen hören Sie, wenn Sie mit sich selbst sprechen: a) eine, b) zwei, c) drei, d) mehr als drei?
Falls mehrere: Gleichklang oder Chaos? Nur Gelächter?

Wie groß ist Ihr Respekt gegenüber Andersdenkenden?
Gründet dieser Respekt auf dem Inhalt ihrer Ideen oder
der Art, wie sie ihre Ideen vertreten?

*

Falls Ihre Ideen nicht sprießen, haben Sie schon einmal
die künstliche Befruchtung in Betracht gezogen?

*

Welchen Gedanken würden Sie niemals denken?

*

Sehen Sie einen Zusammenhang zwischen Ihren
Erfolgen und der Art, wie Sie darüber denken?

*

Hätten Sie gern eine Welt, in der alles denkbar wäre?

*

Pflegen Ihre Gedanken untereinander ein gutnachbar-
schaftliches Verhältnis?

*

Wie oft geben Sie zu, dass Sie etwas nicht wissen?

Gedanken

Welcher von all Ihren Gedanken ist der unsterblichste?

*

Wie lange hält sich im Durchschnitt ein Gedanke in Ihrem Kopf, bevor er von einem anderen verdrängt wird?

*

Haushaltsmüll oder Gedankenmüll: Was trennt sich leichter? Was recycelt sich leichter?

Treiben Sie Sport aus Lust oder aus Vernunft?

Sport

Nennen Sie die wichtigsten Sportler des Mittelalters.

*

Falls Sie sich regelmäßig zum Sport zwingen,
hoffen Sie, dass jene, die keinen Sport treiben,
wenigstens früher sterben?

*

Würde es Sie beruhigen, wenn wir als Gesellschaft
noch anderes als Kalorien – zum Beispiel radioaktive
Abfälle – durch Sport abbauen könnten?

*

Angenommen, Sie könnten durch Ihre Fitness nicht
nur Ihr Übergewicht, sondern auch das einer zusätzlichen
Person abbauen. Wem würden Sie dieses Geschenk
machen? Oder würden Sie es über eBay dem Meist-
bietenden zukommen lassen?

*

Mit welcher Sportart ist Ihre Ehe am treffendsten zu
vergleichen?

a) Tennis
b) Sprint
c) Marathon

d) Eiskunstlauf
e) Kleinkaliberschießen

*

Welches war Ihre sportliche Höchstleistung,
oder glauben Sie, sie kommt noch?

*

Slalom: Begründen Sie in Stichworten, warum es
sinnvoll ist, wenn gesunde junge Frauen und Männer
die besten Jahre ihres Lebens damit verbringen,
auf Kunststoffbrettern möglichst schnell zwischen
Stangen einen Schneehang hinunterzufahren.

*

Was qualifiziert Spitzensportler, Produkte zu empfehlen,
die nichts mit ihrem Sport zu tun haben, zum Beispiel
Kaffeemaschinen oder Versicherungen?

*

Was am Sport stört Sie am meisten?

a) der Schweiß
b) der Zeitaufwand
c) der Muskelkater

d) die Verletzungsgefahr
e) die anderen Sportler
f) der Wettbewerbscharakter, also die Tatsache,
     dass man die Leistungen problemlos vergleichen
     kann, selbst im Fitnesscenter oder beim Wandern

*

Die Bibel schweigt zum Sport. Warum?

*

Würden Sie sich bereiterklären, einen beliebigen Tag
Ihres Lebens von Ihrem Lieblingssportkommentator
live kommentieren zu lassen?

*

Wie oft haben Sterbende auf dem Totenbett gesagt,
sie hätten, rückblickend gesehen, mehr Sport treiben
sollen?

Angenommen, ein Wort kostet einen Cent. Welchen Einfluss hätte das auf die Qualität unserer Gespräche, Bücher, Zeitungen und Talkshows?

Die Wörter

Warum ist es so kompliziert, sich einfach auszudrücken?

*

Wie oft muss man schweigen, um seriös zu antworten?

*

Gesetzt den Fall, es stellt sich heraus, dass das Leben
eine große Talkshow ist. Sind Sie mit Ihren Statements
zufrieden? Gibt es Statements, die Sie bereuen?
Solche, die Sie bisher noch nicht platzieren konnten,
und wenn ja, welche?

*

Möchten Sie, dass man Ihnen zuhört, auch wenn Sie
nichts zu sagen haben?

*

Wie versiert ist Ihr Hund in der zwischenhündischen
Kommunikation?

*

Wie oft täuschen Sie ein Funkloch vor, wenn Sie keine
Lust haben, ein Telefongespräch weiterzuführen?

*

Kennen Sie Tage, an denen Sie mit niemandem reden
möchten? Solche, an denen Ihnen sogar Selbstgespräche
zu viel sind?

Werden Sie lieber überredet oder überschwiegen?

*

Stört es Sie, dass Ihr Gesicht andauernd etwas
ausdrückt?

*

Was ist schlimmer: was die anderen über Sie denken
oder sagen?

*

Was verschweigen Sie sich selbst?

*

Wie gefährlich wäre es, das, was Sie sich selbst
verschweigen, öffentlich auszusprechen?

*

Wie »small« darf Smalltalk sein, damit Sie noch
mitmachen?

*

Angenommen, es gäbe keinen ersten Schrei nach
der Geburt, sondern einen ersten Satz. Welchen
allerersten Satz möchten Sie gern gesagt haben?
Bitte um genauen Wortlaut.

Wie viel von dem, was Sie sagen, müsste in Anführungszeichen stehen?

*

Wie gut gelingt es Ihnen, nichts zu sagen, wenn es nichts zu sagen gibt?

Sind Sie glücklicher über das, was Sie geworden sind, oder über das, was Sie nicht geworden sind?

Erfolg

Würden Sie sich erfolgreicher fühlen, wenn Sie sich selbst gezeugt hätten?

*

Wie stolz, glauben Sie, ist ein Hund auf den Erfolg seines Herrchens?

*

Wenn Sie Erfolg haben, empfinden Sie weniger Druck, weil Sie sich jetzt endlich entspannen können, oder empfinden Sie mehr Druck, weil die Erwartungen gestiegen sind?

*

Jeder Erfolg ist das Ergebnis von Leistung und Zufall. Angenommen, man könnte den Anteil des Zufalls am Erfolg genau bestimmen: Was spräche dagegen, diesen Anteil zu hundert Prozent zu besteuern?

*

Wer verteilt Glück und Pech? Falls Sie an keine höhere Macht glauben: Nach welchen Regeln funktioniert der Zufall, und mögen Sie es, sich ihm zu unterwerfen wie einem betrunkenen Richter?

Gibt es Erreichtes, das Sie lieber noch vor sich hätten?
Was?

*

Alle wollen immer von A nach B. Aber wie kommen
die alle zuerst nach A? Erklärung bitte mit Diagramm.

*

Angenommen, die »Million mit dreißig« haben Sie
verpasst. Wie lautet Ihr Plan B, oder sind Sie schon bei
Plan Z? Angabe des Alters.

*

Wo genau begraben Sie Ihre Hoffnungen? Wie oft
besuchen Sie diese Grabstätten? Wie oft gelingt es
Ihnen, die eine oder andere Leiche wieder zum Leben
zu erwecken?

*

Wenn Sie immer wieder enttäuscht werden:
Warum passen Sie Ihre Erwartungen nicht an?

*

Werden Sie mit zunehmendem Alter versierter im
Vermeiden oder im Verarbeiten von Enttäuschung?

Wenn man Sie zu Fall bringt: Möchten Sie lieber schneller fallen und härter aufschlagen? Oder wäre es Ihnen lieber, langsam zu fallen, im Fallen lange sichtbar zu sein und dafür weicher aufzuschlagen?

Wie spontan ist Ihr Verhältnis zur Ethik?

Moral

Wie müsste Ihrer Ansicht nach eine gerechte Welt aussehen?

*

Würden Sie bei einem Wechsel zu einer gerechten Welt profitieren oder verlieren?

*

Möchten Sie bedeutend moralischer sein als der Durchschnitt?

*

Zwei Bergsteiger. Der erste fällt in eine Gletscherspalte. Sie könnten ihn retten, indem Sie Hilfe organisieren, tun es aber nicht, und er stirbt. Den zweiten stoßen Sie in die Gletscherspalte. Auch er stirbt nach kurzer Zeit. Welche Tat wiegt schwerer? Warum?

*

Ordnen Sie nach abnehmender Gerechtigkeit:

a) Bundesgerichtshof
b) Gott
c) der Stärkere
d) der Zufall
e) die Öffentlichkeit
f) das Schicksal
g) der Markt

Muss ein guter Mensch intelligent sein, das heißt,
muss seine Güte auf Absicht und Planung beruhen?
Oder genügt Güte ohne entsprechendes Bewusstsein,
damit Sie jemanden als gut bezeichnen?

*

Wenn wir so viel Geld in die moralische Entwicklung
stecken würden, wie wir es in die technische
stecken: Glauben Sie, wir hätten dann eine bessere
Welt? Oder bloß mehr Bücher?

*

Hätten Sie im Dritten Reich versucht, Karriere zu
machen? (ganz sicher / vermutlich / ganz sicher nicht)

*

Wenn Sie gewusst hätten, was aus ihm einmal wird:
Hätten Sie Hitler als Baby getötet?

*

Falls nicht, ab welchem Alter hätten Sie ihn getötet?
Bitte präzise Angabe.

Was wiegt schwerer:

a) was Sie falsch gemacht haben?
b) was Sie nicht gemacht haben?

*

»… wie auch wir vergeben unseren Schuldigern.«
Konkret, wie macht man das?

*

Würden Sie die Verantwortung für die Umsetzung
einer Entscheidung übernehmen, auch wenn Sie diese
nicht selbst getroffen haben und anderer Meinung sind?

*

Befällt Sie ein schlechtes Gewissen, wenn Sie eine
Ameise zertreten? Und bei zehn? Ab wie viel getöteten
Ameisen stellen sich bei Ihnen Alpträume ein?

*

Nach welchen Werten suchen Sie sich Ihre Werte aus?

Welches Management-
Seminar würden Sie Gott
empfehlen?

Gott

Wie beurteilen Sie Gottes Sozialkompetenz im Hinblick auf die Tatsache, dass er sich nie von sich aus meldet?

*

Wie gut müsste Gott Sie kennen, damit er wirklich eine Chance hätte, Ihnen zu helfen?

*

Wenn Sie seit Jahren mit der Stimme eines Radiosprechers vertraut sind und plötzlich ein Bild von ihm in einer Illustrierten sehen: Sind Sie dann erstaunt, dass Sie sich ein so falsches Bild von dieser Person gemacht haben?

*

Falls Sie mit der Stimme Gottes vertraut sind: Könnte Ihnen das Gleiche passieren?

*

Angenommen, Gott möchte eine Zweigniederlassung im Keller Ihres Hauses eröffnen. Welchen Mietzins fänden Sie angebracht?

*

Sie haben vor das Jüngste Gericht zu treten. Wen würden Sie als Ihren Verteidiger mitnehmen?

a) einen Topanwalt aus Ihrem Bekanntenkreis
b) Ihren Pfarrer
c) Ihre Frau / Ihren Mann
d) Ihren Sohn / Ihre Tochter
e) Ihre Schwiegermutter
f) einen Bettler, dem Sie neulich zwei Euro in den Hut geworfen haben
g) Ihr Haustier
h) niemanden, Sie vertreten sich selbst

*

Mit wie vielen Parker-Punkten müsste der Wein, der im Jenseits serviert wird, mindestens ausgezeichnet sein, damit sich das Jenseits für Sie auch wirklich als Paradies anfühlt?

*

Wie beurteilen Sie die Entscheidung Gottes, die Welt so und nicht anders zu erschaffen?

*

Nach welchen Kriterien setzt Gott seine Prioritäten im Tagesgeschäft?

Wie kommt Gott mit länger anhaltendem Druck zurecht?

*

Wie oft kommt es vor, dass Sie das Schicksal durch einen Deal zu beeinflussen versuchen (zum Beispiel: »Wenn ich in die Geschäftsleitung gewählt werde, spende ich zehn Prozent meines zusätzlichen Gehalts an arme Kinder in Entwicklungsländern«)?

*

Wie oft ist das Schicksal auf Ihren Deal eingegangen?

*

Wie oft haben Sie Ihren Teil des Deals bezahlt?

*

Warum spricht Gott nie offen von seinen Misserfolgen?

*

In sechs Tagen hat er die Welt geschaffen; am siebten ruhte er. Wie beurteilen Sie Gottes Woche unter dem Gesichtspunkt der Work-Life-Balance?

Mit welchem Satz
würden Sie Ihre Autobio-
graphie beenden?

Identität

Welche Eigenheiten, die Sie vererbt haben, wirken bei
Ihren Kindern peinlich?

*

Haben Sie deswegen Schuldgefühle?

*

Was finden Sie am Menschsein reizvoll?

*

Welches sind Ihre Lieblingsschauspieler im wahren
Leben?

*

Wie lange halten Sie es aus, dass Ihnen jemand in
die Augen schaut, bevor Sie wegblicken?
Gewinnen Sie oder die andere Person das Blickduell?

*

Folgende Pillen stehen Ihnen zur Auswahl.
Eine müssen Sie schlucken. Welche?

a) Pille gegen das Pech im Leben. Nebenwirkung:
    Ihre Freunde wenden sich von Ihnen ab.
b) Pille zur Steigerung des Intelligenzquotienten.
    Nebenwirkung: Ausfall der Spontaneität.

c) Pille gegen das Altern. Nebenwirkung: keine Ziele mehr.

d) Pille für den inneren Frieden. Nebenwirkung: Sie werden in einen (äußeren) Krieg verwickelt.

e) Pille für immerwährende Lebenslust. Nebenwirkung: Dauerarbeitslosigkeit.

f) Pille, die Sie jahrelang durchschlafen lässt. Nebenwirkung: sinnvolle Träume.

g) Placebo-Pille ohne Nebenwirkungen.

*

Wie würden Sie sich auf ein Treffen vorbereiten mit einem, der all das ist, was Sie nicht sind?

*

Glauben Sie, dass ein solches Treffen überhaupt sinnvoll ist?

*

Möchten Sie Ihr Leben ändern? Wenn ja, weshalb:

a) aus Überdruss am alten Leben

b) wegen der Verheißungen des neuen Lebens

*

Wie viel Ärger können Sie verkraften, ohne die nötigen Schlüsse daraus zu ziehen?

Wann haben Sie es aufgegeben, sich mit anderen Menschen zu vergleichen? Oder tun Sie es noch immer?

*

Was kommt häufiger vor?

a) Sie stellen andere in Frage, um sich selbst nicht in Frage zu stellen.
b) Sie stellen sich selbst in Frage, um andere nicht in Frage zu stellen.

*

Angenommen, Ihr Land errichtet auf einem Platz im Zentrum der Hauptstadt eine mächtige Statue zu Ehren des »normalen Menschen« – so, wie es ein Grab gibt zu Ehren des »unbekannten Soldaten«. Würden Sie, wenn man Sie fragte, Modell für diese Statue stehen?

Können Sie nichts denken?

Denken

Wie oft in der Woche treiben Sie Sport oder eine andere anstrengende Tätigkeit, etwa Denken?

*

Hätten Sie lieber tiefere oder originellere Gedanken?

*

Gibt es Entscheidungen, die Sie getroffen haben, obwohl Sie im Moment der Entscheidung wussten, dass sie falsch waren?

*

Wie behandeln Sie Menschen, die wissen, dass sie dumm sind? Wie gehen Sie mit Menschen um, die zu dumm sind, um zu wissen, dass sie dumm sind?

*

Wie freundlich sind Sie zu Ihren eigenen Gedanken?

*

Gibt es Gedanken, die Sie nur einer Frau zutrauen? Welche?

*

Was am freien Willen gefällt Ihnen?

Überzeugt Sie die Argumentation, dass der freie Wille nicht existiert, sondern dass unser Denken und Handeln das Ergebnis chemischer Vorgänge im Hirn ist? Falls nein, warum nicht? Falls ja, würden Sie trotzdem Mörder verurteilen? Warum?

*

Wie viele Sorten Joghurt führt Ihr Supermarkt? Wie groß müsste die Auswahl sein, bis Sie komplett entscheidungsunfähig wären?

*

Ist eine Entscheidung, die auf der Hand liegt, eine Entscheidung?

*

Angenommen, Sie haben ein Leben lang an einer Überzeugung festgehalten, die sich kurz vor Ihrem Tod als falsch erweist. Wäre es Ihnen lieber, man würde Sie a) noch in letzter Minute aufklären oder b) weiterhin in Ihrem falschen Glauben lassen?

*

Lügt, wer sich nachdenklich gibt, aber nicht nachdenkt?

Gibt es Ideen, die Sie lieben, weil Sie deren Urheber
mögen?

*

Gibt es Ideen, die Sie nicht leiden können, obwohl sie
gut sind?

*

Kennen Sie Ihren IQ? Falls nicht: In welcher Bandbreite
müsste er liegen, damit Sie nicht die Qualität des Tests
anzweifeln?

*

Entscheiden Sie mit dem Bauch oder dem Kopf,
ob Sie mit dem Bauch oder mit dem Kopf entscheiden
sollen?

Wie groß ist Ihr Vorrat an Freunden?

Freunde

Sind Sie der beste Freund Ihres besten Freundes?

*

Ordnen Sie Ihre Freunde nach dem Nutzen an,
in abnehmender Reihenfolge. Werfen Sie einen Blick
auf die Liste. Wo finden Sie Ihren besten Freund?

*

Haben Sie Tiere unter Ihren Freunden?

*

Wie viel sozialen Aufstieg gönnen Sie Ihren Freunden?
Wie viel sozialen Abstieg?

*

Was schätzen Sie an unechten Freundschaften
besonders?

a) den vergleichbar geringen Aufwand im Unterhalt
b) die tiefen emotionalen Wechselkosten
c) den gesellschaftlichen Rang, der sich daran ablesen
   lässt
d) die vergleichbar hohe Objektivität, mit der man
   einen unechten Freund beurteilen kann

e) die Häufigkeit der positiven Überraschung, weil die
   Erwartungen so niedrig sind
f) dass man von unechten Freunden eine nach oben
   unbegrenzte Anzahl haben kann

*

Wie viele unechte Freunde kommen auf einen echten,
und wie hat sich dieses Verhältnis im Lauf Ihres Lebens
verändert?

*

Wem sind Sie ein unechter Freund?

*

Wie lange hält sich eine Freundschaft, wenn alle
Initiativen zu ihrer Erhaltung von Ihnen ausgehen?

*

Haben Sie Freunde, die Sie fast nie kontaktieren
und von denen Sie fast nie kontaktiert werden und die
trotzdem Freunde sind?

*

Wenn Freunde Sie mit »mein Freund« begrüßen:
Inwieweit festigt oder schwächt die Formulierung die
Beziehung?

Wovon gibt es mehr: spannende Freunde oder
spannende Feinde?

*

Wenn jemand, zum Beispiel ein alter Freund, Ihnen
seinen Besuch ankündigt und Sie diesen Besuch nicht
wünschen: Welches sind Ihre gängigsten Ausreden?
Oder empfangen Sie den Besuch und ertragen ihn,
wie man schlechtes Wetter erträgt?

*

Wenn eine Freundschaft in die Brüche gegangen ist:
Lohnt sich der Aufwand, sie zu restaurieren, oder ist es
effizienter, eine neue aufzubauen?

Macht Bildung glücklich?

Bildung

Wird eine Gesellschaft intelligenter, je mehr Leute das Abitur machen?

*

Wird sie wenigstens besser?

*

Wem würden Sie Ihre Bildung gönnen?

*

Was bedeutet Bildung für Sie (Unzutreffendes streichen)?

a) Jahreszahlen von Schlachten
b) Gestelle voller Bücher
c) Meinungen zu allem und jedem
d) Besuch von Opern und klassischen Konzerten
e) Zitate großer Männer
f) wenn man Zusammenhänge sieht, wo keine sind
g) Vorbilder unter den Toten
h) die Unfähigkeit, kurze Sätze zu bilden
i) Fremdwörter
j) Pessimismus ohne aktuellen Anlass
k) auswendiggelernte Hölderlin-Gedichte
l) wenn man zum Einschlafen spätabendliche Talkshows schaut

m) eine zyklische Weltsicht, also die Überzeugung, dass alles immer wiederkehrt

n) wenn man zu wissen glaubt, was richtig ist

o) wenn man alles in Frage stellt

p) wenn man sich selbst in Frage stellt

q) Ungeschicklichkeit im Handwerklichen

r) Überblättern der Sportseiten in der Zeitung

s) der Luxus irrelevanter Gedanken

t) doppelte Halbbildung

u) wenn man jede Frage mit »sowohl – als auch« beantwortet

v) Erkenntnis der eigenen Belanglosigkeit

*

Wenn nichts von alldem Bildung ist, was dann?

*

Möchten Sie über mehr Bildung verfügen oder gern etwas davon abgeben?

*

Wäre die Welt eine bessere, wenn alle gebildet wären, oder profitiert eine Gesellschaft davon, dass es Ungebildete gibt – zum Beispiel für einfache Arbeiten, die noch nicht automatisiert werden können?

Erkennen Sie am Automodell, ob der Fahrer gebildet ist oder nicht?

*

In welchem Jahrhundert lebten die Dinosaurier?

*

Wenn Sie die philosophischen Leistungen der letzten hundert Jahre betrachten: Braucht die Gesellschaft weiterhin Philosophen? Falls Sie mit Nein antworten: Darf man das Wort »Philosophie« ganz den Marketingabteilungen und Fußballtrainern überlassen?

*

Wie manifestiert sich Bildung im Krieg?

*

Welche Dinge hätten Sie leichter verstanden, wenn man sie Ihnen nicht erklärt hätte?

*

Wie lernt man das Vergessen?

Ist Ihr Gewissen noch sauber, oder haben Sie es schon gebraucht?

Gewissen

Angenommen, Sie könnten die Verletzungen, Gemein-
heiten, Kränkungen, Lügen und Narben, die Sie im
Lauf Ihres Lebens anderen zugefügt haben, kurzum
Ihre gesamte emotionale Schuld, mit Geld begleichen:
Wie viel wäre Ihnen diese Tilgung wert?

*

Was kommt häufiger vor: Sie appellieren ans Gewissen,
oder das Gewissen appelliert an Sie?

*

Wie groß müsste ein Call-Center sein, um alle Anrufe
Ihres Gewissens abwickeln zu können?

*

Würden Sie Ihr Gewissen eher als Freund oder als
Gegner bezeichnen?

*

Wie viel ist Ihnen die Dienstleistung Ihres Gewissens
wert? Wie viel wäre es Ihnen wert, wenn Sie Ihr
Gewissen outsourcen könnten?

*

Wie oft muss man schweigen, um seine Glaubwürdig-
keit nicht zu verspielen?

Wie viel Gewissen darf ein Mensch maximal haben, damit er handlungsfähig bleibt?

*

Was ist Ihnen lieber: ein großer Gewissensbiss oder viele kleine?

*

Wie sympathisch sind Ihnen Menschen mit einem blitzblanken Gewissen?

*

Wem vergeben Sie schneller: sich selbst oder den anderen?

*

Wie erklären Sie es sich, dass ein unbeteiligter Dritter (Gott) Sünden vergeben kann für Leid, das Sie einem anderen angetan haben? Finden Sie es fair a) als Sünder?, b) als Geschädigter?

*

Gesetzt den Fall, Sie könnten für ein einziges Mal die Rolle dieses unbeteiligten Dritten übernehmen. Welche Sünde würden Sie vergeben?

Hat die Natur ein Gewissen?

*

Warum gelingt es zum Beispiel Kühen, mit sich im Reinen zu sein, aber uns nicht?

Möchten Sie, dass es
ein offizielles Zertifikat
gibt, das die Echtheit
von Liebe bescheinigt?

Liebe

Sind Sie ein Nettokonsument oder Nettoproduzent von Liebe?

*

Gesetzt den Fall, Sie empfangen mehr Liebe, als Sie geben. Würden Sie sich deshalb als Gewinner bezeichnen?

*

Wie viel Liebe hätten Sie verdient, wenn die Welt gerecht wäre? Mehr? Weniger?

*

Wenn Sie sich zu einem romantischen Date verabreden, und Sie merken, dass Sie sich nicht verlieben: Wann sagen Sie es der betreffenden Person?

a) nach dem Aperitif
b) nach der Vorspeise
c) nach dem Hauptgang
d) nach dem Dessert
e) nach dem ersten Sex
f) bei der Scheidung

*

Hätten Sie von sich aus die Liebe erfunden?

Würden Sie Dauer gegen Intensität von Liebe ein-
tauschen?

*

Was spricht gegen die Liebe? Nennen Sie die drei
Haupteinwände.

*

Wer möchten Sie lieber sein, der/die Liebende oder
der/die Geliebte?

*

Auf welche Art müsste man einen Menschen lieben,
wenn man ihn niemals besitzen will?

*

Ist Liebe für Sie eine erneuerbare Ressource?

*

Glauben Sie an die bedingungslose Liebe – also eine
Liebe, in der Sie ausgenutzt werden könnten und den
Täter noch immer lieben müssten?

*

Beschreiben Sie das Gefühl, das Sie beschleicht,
wenn Sie unverhofft jemanden wiedersehen,
den Sie vor vielen Jahren einmal geliebt haben.

Liebe

Wie entsorgen Sie die Asche, die von einer besonders großen erloschenen Liebe übrig bleibt? Würden Sie sie als kontaminiert bezeichnen?

*

Hoffen Sie, dass ein anderer diese Asche wieder zum Glühen bringen kann – oder hoffen Sie es gerade nicht?

*

Gesetzt den Fall, die Liebe käme aus der Mode, so wie gewisse Kleidungsstile. Durch welche andere Art der Begeisterung würden Sie sie ersetzen?

*

Was würden Sie nicht tun, um geliebt zu werden?

Welches Gefühl sagt
Ihnen, ob Ihr Gefühl
stimmt oder nicht?

Gefühle

Gibt es Menschen, die Sie um ihr Gefühlsleben
beneiden?

*

Wo ist der Hauptsitz des Gefühls?

a) im Bauch
b) im Herz
c) im Kopf

*

Wie erklären Sie es sich, dass die Menschen seit
dreitausend Jahren von der Seele reden, sie aber noch
nicht entdeckt haben, im Unterschied etwa zu
Elementarteilchen, die tausendmal kleiner sind als
Atomkerne?

*

Welche Gefühle müsste man auf den Index setzen?

*

Gesetzt den Fall, in hundert Jahren hätten wir durch den
Einsatz modernster Technologien das Leben komplett
von Leid befreit: ein Leben voller Wonne. Würden Sie
es begrüßen, künstlich etwas Leid zu verabreichen,
um die »menschliche Dimension« zu erhalten? Warum?
Warum nicht?

Wie fühlen sich Menschen, die Ihnen zum ersten Mal begegnen?

*

Bei wem haben Sie den Umgang mit Ihren Gefühlen gelernt? Oder suchen Sie noch immer einen Lehrer?

*

Über wie viel Mitgefühl würden Sie gern verfügen? Geben Sie den idealen Prozentsatz an zwischen hundert Prozent (Sie fühlen das Gleiche in der gleichen Intensität wie die anderen) und null Prozent (Sie fühlen nichts). Wie viel Prozent Mitgefühl erwarten Sie von den anderen?

*

Sind Menschen, die mehr Mitleid empfinden, bessere Menschen?

*

Wie gut sind Sie gegen spontane Begeisterung abgesichert?

*

Wer schweigt lieber über Gefühle – Sie oder Ihre Frau / Ihr Mann?

*

Wann lohnt es sich nicht, Gefühle zu zeigen?

Wann lohnt es sich, nichtvorhandene Gefühle zu zeigen?

*

Glauben Sie, dass Schuldgefühle helfen, die Schuld abzutragen? Oder sind sie einfach bequemer, als um Vergebung zu bitten?

*

Wie viel besser wären Ihre Gefühle, wenn Sie sie – statt Do it yourself – von einem professionellen Anbieter beziehen könnten?

Was ist Ihrer Karriere förderlicher – was Sie sagen oder was Sie verschweigen?

Job

Wie viel Personal brauchen Sie zum Betrieb und Unterhalt Ihrer Luftschlösser?

*

Wer lernt mehr von wem:

a) Sie von Ihrem Chef?
b) Ihr Chef von Ihnen?
c) Keiner lernt irgendetwas.

*

Wie, glauben Sie, würde Ihr Chef diese Frage beantworten?

*

Welche Effizienzsteigerungspotentiale Ihres Lebens schöpfen Sie bewusst nicht aus?

*

Welches Problem löst Macht?

*

Wenn sich jemand im Geschäft verletzlich zeigt, also menschlich, fühlen Sie sich dann gezwungen, Ihrerseits Verletzlichkeit zu demonstrieren? Falls ja: wie?

Verglichen mit dem Klima an Ihrem Wohnort, wie gut ist das Klima an Ihrem Arbeitsort?

*

Als wie anstrengend empfinden Sie Verantwortung? Wenn Sie die Wahl hätten, die nächste Woche in verantwortungsvoller Führungsposition zu verbringen oder als wohlumsorgter Säugling in Fötusposition – was würden Sie wählen?

*

Welches Ziel streben Sie beim Verhandeln an?

a) den Gewinn
b) den Verhandlungspartner glauben zu machen, er habe gewonnen
c) den Verhandlungspartner glauben zu machen, er hätte Sie glauben gemacht, Sie hätten gewonnen
d) einen Kompromiss
e) soziale Interaktion – egal, welches Ergebnis herauskommt
f) Statusgewinn durch die Tatsache, dass Sie an der Verhandlung teilnehmen

Inwiefern sind Sie der äußere Schweinehund Ihres inneren Schweinehundes?

*

Wenn Sie – zum Beispiel beim Erwägen eines Karriereschritts oder bei der Einstellung einer Mitarbeiterin – unentschieden sind: Warum werfen Sie nie eine Münze?

*

Wie müssten Sie Ihre Problemfelder anordnen, um sie rationeller bewirtschaften zu können?

*

Wer trifft die besten Entscheidungen? Ordnen Sie die Entscheidungsqualität in abnehmender Reihenfolge:

a) Ärzte
b) Politiker
c) Manager
d) die Evolution
e) der Zufall
f) das Jüngste Gericht

*

Finden Sie, Blumen hätten ein Anrecht auf eine Fünfunddreißigstundenwoche?

Wie viele Ihrer
Niederlagen waren
echte Desaster?

Scheitern

Lieber ein Ende mit Schrecken oder ein Anfang mit
Schrecken?

*

Ist es »menschliches Versagen«, wenn Sie Ihrer
Frau die falsche Louis-Vuitton-Tasche zum Geburtstag
schenken? Falls nein, wie groß muss ein Versagen
mindestens sein, damit Sie es als »menschliches Versagen« betiteln würden?

*

Wenn etwas schiefgeht, geht es dann so schief,
wie Sie es sich vorgestellt haben, oder geht es auf eine
völlig neue Art schief? Was ist Ihnen lieber?

*

Wenn Sie die großen Fehler Ihres Lebens Revue
passieren lassen: Welche sind auf mangelnde
Gefühlskontrolle zurückzuführen? Welche Fehler
passierten, weil Sie Ihren Gefühlen zu wenig freien
Lauf ließen?

Was wäre Ihnen lieber?

a) Sie haben in diesem Leben moderaten finanziellen
    Erfolg, aber nach Ihrem Tod spricht niemand mehr
    über Sie.
b) Sie haben in diesem Leben keinen Erfolg, aber nach
    Ihrem Tod bezahlt man Millionen für Ihre Werke
    und Ideen.

*

Warum?

*

Wenn man Ihre gegenwärtige berufliche Position nicht
berücksichtigt, wie viel »Status« haben Sie dann noch?
Mit wie vielen Einladungen dürften Sie nicht mehr
rechnen?

*

Sind Sie froh, dass Fehler Ihr Leben nicht rückwirkend
beeinflussen können, sondern nur in Richtung Zukunft?
Stimmt Sie dies im Hinblick auf die schrumpfende
Lebenszeit froh?

*

Möchten Sie an den Punkt kommen, wo Sie alle
möglichen Fehler gemacht haben und Sie nur noch
Fehler wiederholen, oder möchten Sie stets neue
Fehler machen?

Angenommen, es stellt sich heraus, dass Sie zwar ein glückliches Leben führen, aber kein sonderlich erfolgreiches. Trübt diese Einsicht Ihr Glück, oder beflügelt sie Sie?

*

Bewerten Sie die Tatsache, dass Sie existieren, schon als Erfolg?

Wie ehrlich soll Ihre Grabrede sein?

Tod

Tod

Wie hoch schätzen Sie Ihr Wiedergeburtsrisiko ein?

*

Haben Sie eine Lieblingsmelodie, die Sie beim Sterben
hören möchten – und wenn ja, welche? Oder genügt
Ihnen der anhaltende Ton des Herzmonitors, der ver-
kündet, was Sie eh schon wissen?

*

Hätten Sie von sich aus den Tod erfunden?

*

Angenommen, Sie dürften ein Jahr lang den Tod
spielen. Nach welchen Kriterien würden Sie zuschlagen?

a) zufällig, Sie würfeln
b) nach moralischen Erwägungen (die Guten leben
   länger)
c) sie enthalten sich der Arbeit (ein Jahr lang stirbt
   niemand)
d) nach der Eindringlichkeit der Bitten
e) nach der Opferbereitschaft der Gefährdeten
f) Sie halten sich strikt an das jeweilige Durchschnitts-
   alter in den einschlägigen Versicherungstabellen

Wie, glauben Sie, werden Sie sterben?

*

Möchten Sie es wissen?

*

Am Ende des Lebens teilt man Ihnen mit, dass der Tod abgeschafft wurde. Wie reagieren Sie? Bitte genauen Wortlaut oder Geste.

*

Beunruhigt Sie die Aussicht, dass viele Atome Ihres Körpers nach Ihrem Tod Bestandteil von Würmern, Käfern und Bakterien sein werden?

*

Wünschen Sie den vollständigen Tod, oder möchten Sie zumindest als Mythos weiterexistieren?

*

Beunruhigt oder beglückt Sie die Tatsache, dass nach Ihrem Tod zahllose Fotos und Filme von Ihnen im Internet weiterexistieren, Sie also gar nie richtig tot sein werden?

»Hier liegen meine Gebeine, ich wollte, es wären deine«, wählte der Schriftsteller Karl Julius Weber als seine Grabinschrift. Wenn Sie einen drolligen Spruch oder einen Witz für Ihren Grabstein aussuchen müssten, welcher wäre es?

*

Welche Kundenfreundlichkeit erwarten Sie sich vom Jenseits?

*

Haben Sie je zu einem Toten gesprochen – zum Beispiel im Sterbezimmer oder im Bestattungssaal? Was konnten Sie diesem Menschen im toten Zustand sagen, was Sie ihm vorher nicht sagen konnten?

Sehen Sie dort, wo
Sie wohnen, noch den
Sternenhimmel?

Weltall

Würde sich das irdische Glück als Exportschlager für den Rest des Universums eignen?

*

Wie peinlich ist es Ihnen, dass außerirdische Zivilisationen unsere Fernsehprogramme empfangen können?

*

Glauben Sie, dass das Universum Ihnen etwas schuldet? Falls ja, was?

*

Der Mond ist voller Bodenschätze, und es ist nur noch eine Frage der Zeit, bis deren Abbau beginnt.
Wie würden Sie den Mond territorial aufteilen?

a) prozentual nach der Fläche der Staaten
b) prozentual nach der Bevölkerung der Staaten
c) prozentual nach Bruttosozialprodukt der Staaten
d) alles der UNO
e) jeder Mensch erhält einen Quadratmeter Mondoberfläche – der Rest bleibt unverteilt
f) durch Lotterie
g) durch Krieg

Anschlussfrage: Wie würden Sie den Rest des Weltalls territorial aufteilen?

*

Beunruhigt es Sie, dass alles, was Sie am Sternenhimmel wahrnehmen, in diesem Moment vielleicht gar nicht mehr existiert?

*

Mögen Sie die Vorstellung, dass die Welt vor Milliarden Jahren aus einem gigantischen Urknall entstanden ist? Oder wären Sie glücklicher mit der Vorstellung, dass jeder einzelne Mensch aus einem kleinen, privaten Urknall entstanden wäre?

*

Was glauben Sie: Wird das Universum, bevor es stirbt und in sich zusammenfällt, auch zuerst von einer Krankheit befallen werden?

*

Ist das Weltall too big to fail? Falls nicht, was dann?

*

Begründen Sie, warum es besser ist, dass die Welt existiert, als dass sie nicht existiert. Sie haben zehn DIN-A4-Seiten zur Verfügung.

Aus welchem Grund, glauben Sie, hat Gott die Welt erschaffen?

*

Glauben Sie, dass jemand, der die Welt erschaffen hat, sie auch wieder abschaffen kann, oder bräuchte es dazu eine entgegengesetzte Macht?

Welche Hintergedanken hegen Sie hinter Ihren Hintergedanken?

Gedankenwelt

Stört es Sie, dass Sie die inneren Augen nicht schließen können?

*

Wie oft haben Sie das Gefühl, in einer Talkshow zu sitzen, wenn Sie in sich hineinhören?

*

Wie verhindern Sie, dass Ihre Hintergedanken sich in den Vordergrund drängen?

*

Hegt Gott Hintergedanken?

*

Wie tiefsinnig darf ein Mensch sein, damit er es vom Boden seiner Gedanken wieder nach oben schafft?

*

Falls Sie eine große Gedankenfreiheit besitzen: Wurde sie Ihnen geschenkt, oder haben Sie sie sich genommen? Falls Sie sie sich genommen haben: von wem?

*

Fürchten Sie sich vor dem Moment, in dem Ihre Gedanken so frei sind, dass Sie sie nicht mehr kontrollieren können?

Was ist Ihnen wichtiger: Ideen oder Geld?

*

Wie viele Ihrer Gedanken waren bereits vorhanden,
ehe Sie sie erdachten?

*

Angenommen, Sie könnten die Software Ihres Gehirns
upgraden. Welche zusätzlichen Funktionen würden Sie
sich wünschen?

*

Erinnerungen erinnern an andere Erinnerungen und
diese wiederum an andere. Bei welcher Erinnerung
kommen Sie an, wenn Sie diesen Weg bis ans Ende
verfolgen?

*

Wie groß ist Ihre Gedankenfreiheit? Sind Sie gedank-
lich frei genug, um dies realistisch einzuschätzen?

*

Wenn Sie Ihren freien Willen abtreten könnten an eine
erwiesenermaßen kompetente Autorität, würden Sie es
tun?

Wenn Sie sich einen Gegenentwurf zur heutigen
Welt denken, kommen Sie dann zu einer Vorstellung,
die besser oder schlechter als die heutige Welt ist?

*

Wie wichtig sind Ihnen Erfahrungen, die Sie in der
Phantasie machen?

Wovon würden Sie mehr profitieren – von größeren Talenten oder von einem besseren Charakter?

Das Gute und das Böse

Wem nützt die Moral?

*

Wie viel angenehmer wäre Ihr Leben, wenn Sie die moralischen Aspekte outsourcen könnten?

*

Gibt es Dinge, die Sie für andere getan haben, ohne den mindesten Nutzen für sich daraus zu ziehen – also selbst ohne das berauschende Gefühl, etwas Gutes getan zu haben?

*

Wie angeschlagen muss Ihr Gewissen sein, bis Sie es in die Werkstatt bringen?

*

Gäbe es noch wirtschaftlichen Fortschritt, wenn alle ein reines Gewissen hätten? Oder wäre genau das der Fortschritt?

*

Wer ist moralisch führend? Und wie verteidigt er seine Spitzenposition?

*

Womit fühlen Sie sich wohler – mit Moral oder mit Gesetzen?

An welche Gesetze, die Sie für falsch erachten, halten Sie sich?

*

Warum?

*

Welcher der folgenden Menschentypen ist Ihnen am sympathischsten? Menschen, die:

a) Wasser predigen und Wein trinken
b) Wein predigen und Wasser trinken
c) Wasser predigen und Wasser trinken
d) Wein predigen und Wein trinken
e) gar nicht predigen
f)   nur trinken

*

Ist es Entsorgung oder Wohltätigkeit, wenn Sie Dinge verschenken, die Sie nicht mehr brauchen?

*

Wie stark leiden Sie an der Tatsache, dass Sie weder ein teuflisch schlechter noch ein engelsguter Mensch sind, Sie also gefangen sind in der Grauzone der kleinen Halunken und kümmerlichen Gutmenschen?

Ist Ihr Gewissen objektiv?

*

Warum gibt es so viel Böses in der Welt? Glauben Sie,
es liegt daran, dass wir zu wenig wissen oder zu viel?

*

Angenommen, die Beichte funktioniert nachweislich.
Welches Preismodell würden Sie der Kirche für diesen
Service empfehlen? Wie steht es mit Mengenrabatt?

Welches Naturgesetz macht Ihnen am meisten Sorgen?

Natur

Natur

Beruhigt Sie die Tatsache, dass wir – mit Ausnahme unserer Mitmenschen – keine natürlichen Feinde mehr haben?

*

Wären Sie bereit, heute der Umwelt etwas zu bezahlen, damit Sie für den Rest des Lebens kein schlechtes Gewissen mehr plagen würde – beim Heliskiing, beim Nicht-Trennen von Abfall, beim Laufenlassen des Motors vor der Ampel, beim Liegenlassen von Plastikverpackungen? Wenn ja, wie viel?

*

Angenommen, Sie hätten die Möglichkeit, neben den vier Jahreszeiten eine fünfte zu erfinden. Wie würden Sie diese designen?

*

Wie erklären Sie es sich, dass wir die Gesetzmäßigkeiten kennen, nach denen sich Galaxien am Rande des Universums bewegen, nicht aber den Menschen verstehen, der, Hände in den Hosentaschen, vor uns steht? Hätten Sie es lieber umgekehrt?

Stimmt es Sie nachdenklich, dass Sie so wenig von Menschen Gemachtes vor sich sehen, wenn Sie an besonders schöne Landschaften denken?

*

Wie hätte Rousseau reagiert, wenn ihm in den Wäldern um den Genfersee ein Mountainbiker in voller Ausrüstung entgegengerast gekommen wäre? Bitte erfinden Sie einen kurzen Dialog.

*

Wer löst Probleme schneller: die Natur oder die Zivilisation? Wer löst sie gründlicher? Wer unbarmherziger?

*

Welche Hinweise sehen Sie, dass die Natur sich vielleicht nur verwundbar zeigt, es aber gar nicht ist?

*

Entfernen Sie Spinnen? Wenn ja: Töten Sie sie, oder transportieren Sie sie lebend nach draußen? Falls Sie die Spinnen rausbringen: aus Mitleid oder aus Ekel vor dem Töten? Falls Sie sie töten: aus Bequemlichkeit oder Sadismus?

Wäre die Welt heute eine bessere, wenn Noah die Arche ausschließlich mit Tieren beladen hätte und selbst, mitsamt seiner Frau, in den Fluten umgekommen wäre?

*

Angenommen, man käme zum Schluss, dass die Weltbevölkerung, um zu überleben, auf zwei Milliarden – den Stand von 1930 – gesenkt werden müsste: Wie würden Sie die Welt entvölkern?

Wenn Ihre Karriere nicht mehr aufzuhalten ist: Wo befindet sich die Not- bremse?

Karriere

Wie lange schon versperrt der Gipfel Ihrer Karriere die Sicht auf Ihr Leben?

*

Haben Sie schon einmal das Gesicht verloren –
oder spielt es keine Rolle, weil Sie eine Maske tragen?

*

Kennen Sie Menschen, deren Karriere besser aussehen würde, wenn sie sie in umgekehrter Richtung durchlaufen hätten?

*

Wie bringt ein Überflieger seine PS auf den Boden?

*

Wie erklären Sie es sich, dass Sie mit dem Chef Ihres Chefs per Sie sind und mit Gott per Du? Auf welcher Party hat Gott Ihnen das Du angeboten?

*

Wie gewieft verhandeln Sie, wenn Sie mit sich selbst verhandeln?

*

Gibt es Menschen, die Ihnen mehr Steine in den Weg gelegt haben als Sie sich selbst?

Wie wichtig ist es Ihnen, dass Sie auch im Jenseits
sozial aufsteigen können?

*

Wie viel energiegeladener treten Sie auf, als Sie sind?

*

Wären Sie weniger kreativ, wenn es eine Steuer auf
Einfallsreichtum gäbe?

*

Wo ist Ihre Ordnungswut am ausgeprägtesten?

a) in der Küche
b) auf dem Schreibtisch
c) in Ihrem Computer
d) in Ihrem Kopf
e) in Ihren Gefühlen

*

Wie klein muss man sich machen, damit man durch die
Maschen des Machtnetzes fällt?

Wie lange dauert im Durchschnitt ein Entlassungsgespräch?

a)   wenn Sie entlassen werden
b)   wenn Sie entlassen

*

Fänden Sie es in Ordnung, wenn es ein offizielles
Entlassungsgespräch aus dem Leben (inklusive
Empfehlungsschreiben) gäbe? Falls ja, welche Punkte
dürften in Ihrem Fall nicht fehlen?

Wie lange, rechnen Sie,
wird man nach Ihrem
Tod noch über Sie reden?
Angabe in Wochen.

Sterben

Welches wäre eine passende E-Mail-Adresse für Ihr
Leben nach dem Tod?

*

Was hat Sie bis jetzt am Selbstmord gehindert?

a) das zu erwartende Dorfgeschnatter
b) Menschen, die Sie lieben
c) der zu erwartende Nettogewinn an Glück bis zum
    natürlichen Sterbealter, das heißt eine rationale
    Kosten-Nutzen-Kalkulation
d) die Stimme Gottes
e) die Erinnerung an die Leichtigkeit der Jugend und,
    damit verbunden, die Hoffnung, dass diese
    Leichtigkeit vielleicht wieder einmal aufflammt
f) das Foto Ihrer Kinder auf dem Schreibtisch
g) eine Landschaft, die Sicht auf Berge, eine Blume,
    Natur in irgendeiner Form
h) Ihre Unsicherheit, wie Sie's anpacken sollen
i) ein Gedicht
j) Ihr Abschiedsbrief, an dessen Formulierung Sie
    noch feilen

*

Wie wird Ihr Haustier Ihren Tod verarbeiten?

Glauben Sie, dass der Tod für Ihr nächstes Leben eine so traumatische Erfahrung ist, dass Sie auch im nächsten Leben zum Therapeuten müssen?

*

Glauben Sie an Rückführungen in frühere Leben?

*

Vielleicht sind Sie schon rückgeführt?

*

Wem gehört ein Toter?

a) den Angehörigen
b) den Erben
c) Gott
d) der Kirche
e) dem Besitzer des Friedhofareals
f) dem Staat
g) der Menschheit
h) dem Universum
i) den Würmern

Fänden Sie es in Ordnung, wenn man Sie noch auf dem Sterbebett kritisieren würde? Falls nicht: Wie viele Tage, Monate, Jahre vor dem Tod müsste die Kritik verstummen?

*

Welche Out-of-Office-Meldung werden Sie kurz vor Ihrem Tod einrichten? Bitte genauen Wortlaut.

*

Glauben Sie, man hätte trotzdem mal genug von allem, selbst wenn es den Tod nicht gäbe?

*

Wie füllen Sie die Leere, die Sterbende hinterlassen? Wie schaffen Sie Platz für die Fülle, die Neugeborene mit sich bringen?

Wo ist die Bibliothek,
in der all das aufbewahrt
wird, was zwischen den
Zeilen steht?

Buchstaben

Wie viele Bücher würden Sie als Baum mehr entzücken als in Form von bedrucktem Papier?

*

Nach wie vielen Seiten legen Sie ein langweiliges Buch weg?

*

Würden Sie lieber schneller oder genauer lesen?

*

Empfinden Sie es als Verrat am Autor, wenn Sie ein Kapitel eines Buches überspringen?

*

Würden Sie das Kapitel überspringen, wenn Sie wüssten, dass der Autor Sie beim Lesen beobachtet?

*

Wie viele Bücher, die Sie als Pflichtlektüre in der Schule kennengelernt haben, haben Sie später noch einmal freiwillig gelesen?

Haben Sie schon mal ein Buch verbrannt? Wenn nicht, einen Brief? Wenn nicht, eine Notiz? Wo liegt bei Ihnen die Anstandsgrenze, was das Verbrennen von Schriftwerken betrifft?

*

Gibt es Sätze, die Sie seelisch aufstellen, Sätze, ohne die Sie nicht leben möchten?

*

Wer ist Ihnen sympathischer und warum?

a) Menschen, die ihre Worte taktisch einsetzen
b) Menschen, die ihre Gefühle taktisch einsetzen

*

Wie oft kommt es vor, dass Sie jemandem eine Frage stellen, nur um selbst etwas zu sagen?

*

Angenommen, jeder Mensch dürfte während seines Lebens nur eine begrenzte Anzahl Wörter sagen. Danach würde er verstummen. Welche Auswirkung hätte dies auf die Qualität unserer Gespräche?

So viel Wortschatz mit nur sechsundzwanzig Buchstaben. Wie viele zusätzliche Buchstaben bräuchten wir, damit wir unsere Gefühle endlich angemessen ausdrücken könnten?

*

Wie drücken Sie etwas aus, für das es keinen Ausdruck gibt?

Sind Sie für Lärm-
emissions-Höchstgrenzen
für Säuglinge?

Kinder

Sind Kinder ein guter Hundeersatz?

*

Falls Sie Kinder haben: Warum?

a) als Versicherung gegen das Alleinsein
b) der Frau beziehungsweise ihrem biologischen Trieb zuliebe
c) für den Computersupport im Alter
d) wegen den staatlichen Kinderzulagen und Steuervergünstigungen
e) weil, wie man sagt, sie der Sinn des Lebens sind
f) aus Tradition
g) weil die engsten Freunde auch Kinder haben und man sie sonst als Freunde verliert
h) um selbst wieder ein bisschen Kind zu sein
i) um einmal Enkel zu haben

*

Wenn Sie mehrere Kinder haben: Sind Sie sicher, dass Sie sie gleich lieben?

*

Ganz konkret, was bringt Ihnen der Umgang mit Säuglingen?

Wie viel würden Sie bezahlen, um die Vorbildfunktion, die Sie Ihren Kindern gegenüber haben, outzusourcen?

*

Bringen Ihnen Kinder gesellschaftliches Ansehen? Inwiefern?

*

Haben Sie Ihren Eltern jemals dafür gedankt, dass sie nicht verhütet haben?

*

Wem gehören Kinder?

a)   den Erzeugern zu gleichen Teilen
b)   dem Universum
c)   dem Staat
d)   der Gesellschaft
e)   Gott
f)   sich selbst

*

Wie verhindern Sie, dass Ihre Kinder Ihre schlechten Eigenschaften übernehmen?

*

Wenn Sie Kinder haben, beneiden oder belächeln Sie Kinderlose?

Welche der von Ihnen gesetzten Grenzen haben Ihre
Kinder noch nicht ausgelotet?

*

Welche der von Ihren Kindern gesetzten Grenzen haben
Sie noch nicht ausgelotet?

*

Angenommen, Sie wären Adolf Hitlers Mutter: Würden
Sie ihn trotzdem lieben?

*

Wie intensiv müssen Ihre Kinder Sie im Alter betreuen,
damit Sie sagen können: »Der Aufwand hat sich
gelohnt«?

Falls Sie ein noch unbeschriebenes Blatt sind, wer soll schreiben: Sie oder die anderen?

Wer sind Sie?

Was dürfte auf Ihrem Beipackzettel nicht fehlen?

*

Gefallen Sie sich, wenn Sie sich auf Fotos als Säugling sehen? Gefallen Sie sich heute?

*

Hätten Sie gern die Erinnerung an Ihre Geburt?

*

Wer hat Ihnen Ihren wunden Punkt zugefügt?

*

Sind Sie darauf vorbereitet, dass Sie am Ende Ihrer Selbstfindung womöglich enttäuscht sein werden?

*

Wie oft spielen Sie eine Rolle ohne Hoffnung auf Applaus?

*

Welche Luxusbrands gehören zu Ihren Grundbedürfnissen?

Wann zeigen Sie sich von Ihrer besten Seite?
(Ordnen Sie in aufsteigender Reihenfolge an.)

a) vor dem Spiegel
b) am Tisch
c) im Verkehrsstau
d) im Bett
e) im Sarg

*

Wie effizient sind Sie im Verfolgen Ihnen nicht
gemäßer Lebensziele?

*

Könnten Sie sich ertragen, wenn Sie so wären, wie die
anderen Sie sehen?

*

Wie wertvoll wäre Ihnen eine Expertenmeinung über
Sie?

*

Wer außer Ihnen kennt Ihre Lebensträume?

*

Überzeugen Ihre Lebensträume …

a) … Sie selbst?
b) … die anderen?

Könnte man aus der Intensität Ihrer andauernden Selbstbeobachtung schließen, dass Sie sich spannender finden als einen Krimi?

*

Haben Sie ein Identitätsproblem oder mehrere?

*

Gesetzt den Fall, Sie hätten Ihr Leben vor der Geburt testfahren können. Hätten Sie es gewählt?

Was ist über jeden
Zweifel erhaben?

Wahrheit

Wahrheit

Wollt Ihr die totale Wahrheit?

*

Lohnt sich die Wahrheit noch?

*

Für wen?

*

Wie oft nehmen Sie einen Standpunkt ein (selbst wenn Sie zweifeln), nur damit in Ihrem Kopf Ruhe herrscht?

*

Wenn sich die Fakten ändern, ändern Sie dann Ihre Meinung? Warum? Warum nicht?

*

Fürchten Sie sich vor dem Moment, in dem Sie nicht mehr die Kraft haben werden, die Wahrheit zu verschweigen – in dem, vielleicht unter dem Einfluss einer Hirnkrankheit, alles aus Ihnen heraussprudelt, ungefiltert und ätzend wie eine Säure?

Bedrückt Sie die Vermutung, dass niemand diese Welt vollständig versteht – kein Politiker, kein Wissenschaftler, nicht einmal Sie?

*

Haben Sie lieber viele kleine Hoffnungen oder eine große?

*

Wie schwinden Ihre Hoffnungen?

a) Sie explodieren wie überhitzte Kernreaktoren.
b) Sie platzen wie Seifenblasen.
c) Sie lösen sich auf wie ein Stück Fleisch in Säure.
d) Sie schrumpfen wie Reifen, die man über Monate aufzupumpen vergisst.

*

Wie viel Wahrheit sind Sie bereit zu akzeptieren?

a) von Menschen, die Sie mögen
b) von Menschen, die Sie nicht mögen

*

Welche Gewissheiten sollten besser in der Form vager Vermutungen bleiben?

Wahrheit

Wenn das Kartenhaus Ihrer Überzeugungen in sich
zusammenfällt, verwenden Sie jeweils alte oder neue
Karten, um es wieder aufzubauen?

*

Wie viele kleine Wahrheiten braucht es mindestens,
um eine große Illusion aufrechtzuerhalten?

*

Welche Illusionen leisten Sie sich, von denen Sie
wissen, dass es Illusionen sind?

Wofür sind Sie empfänglicher: Lebenstipps oder Börsentipps?

Börse

Angenommen, man könnte in Menschen investieren, so, wie man in Aktien investiert: In wen aus Ihrem Bekanntenkreis würden Sie investieren?

*

Wie viel sind Sie pro Minute wert?

*

Wenn Sie zum Vorstandssprecher einer großen Bank ernannt würden, fänden Sie das Gehalt, das Sie in dieser Position bekommen, gerechtfertigt? Würden Sie es trotzdem akzeptieren? Warum?

*

Wenn ein Unternehmen, dessen Besitzer über den Erdball verstreute Fondsmanager sind, Ziele propagiert, die in nobler Weise über das reine Gewinnstreben hinausgehen: Wessen Wille ist in diesen Zielen verkörpert, und wie ernst können Sie folglich diese Ziele nehmen?

*

Angenommen, Sie haben an der Börse Millionen verdient und alles wieder verloren. Fühlen Sie sich a) gleich gut, b) besser oder c) schlechter als vorher?

Wäre der allwissende Gott der perfekte Manager Ihres Vermögens? Oder würden Sie sich Sorgen machen, dass er Ihr Geld nach moralischen Kriterien investieren könnte?

*

Wie befreiend wäre es für Sie, wenn Ihr Broker es ermöglichte, auf den Aktienmärkten fremder Planeten zu investieren?

*

Angenommen, Ihre Ehe wäre eine Aktiengesellschaft. Würden Sie die Aktien empfehlen?

*

LBO, CDO, LIBOR, FX, EPS, DJIA, EBIT, DAX. Sind das…

a) …Äußerungen eines Geisteskranken?
b) …Formationen einer Buchstabensuppe?
c) …was ein Baby mit Buchstabenwürfeln angestellt hat?
d) …Wörter einer Kryptosprache, die die Mehrheit noch nicht entschlüsselt hat?

Welcher Anteil Ihres Einkommens und Ihrer Lebens-
qualität beruht auf der Tatsache, dass Sie in diesem und
nicht in einem armen Land auf die Welt gekommen
sind? Leiten Sie daraus ab, dass Sie deshalb Ihrem
Land etwas schulden? Oder glauben Sie, dass Sie eher
jenen etwas schulden, die in armen Ländern geboren
sind?

*

Wie stark hängt Ihre Stimmung von der Börsenstim-
mung ab?

Beeinflusst die Art, wie Sie sich kleiden, die Art, wie Sie denken?

Mode

Würde es Sie beunruhigen, wenn sich Ihr Mann /
Ihre Frau plötzlich und ohne nachvollziehbaren Grund
viel besser kleiden würde?

*

Gibt es Menschen, die Sie nicht mögen, nur weil Sie
ihren Kleidungsstil nicht mögen?

*

Was spiegelt Ihr Kleidungsstil am ehesten wider?

a)   Ihre aktuelle Persönlichkeit
b)   Ihre angepeilte Persönlichkeit
c)   Ihre Einkommenssituation
d)   Ihre Herkunft / soziale Schicht
e)   den Stil Ihrer Frau / Ihres Mannes

*

Möchten Sie modisch sein? Falls ja, würden Sie dies
öffentlich zugeben?

*

Gesetzt den Fall, alle Welt würde wieder Perücken
tragen wie zu Zeiten Ludwigs des Vierzehnten. Sind Sie
sicher, dass Sie keine tragen würden?

Würde es Sie mit Hoffnung erfüllen, wenn Gott Sie nicht nur nach Ihren guten Absichten, sondern auch nach Ihrem Kleidungsstil beurteilen würde?

*

Können Sie eine gefälschte Louis-Vuitton-Tasche von einer echten unterscheiden?

*

Empfinden Sie Menschen, die echte Luxusbrands tragen, als authentischer als Menschen, die gefälschte tragen?

*

Gibt es Kleidungsstücke von sentimentalem Wert, von denen Sie sich nicht trennen können, obwohl Sie sie bestimmt nie mehr tragen werden?

*

Ziehen Sie sich schlechter an, wenn Sie nicht aus dem Haus müssen?

*

Wie viele Jahre / Monate / Wochen / Tage hinken Sie der aktuellen Mode hinterher?

Wie laut muss der neueste Schrei sein, damit Sie ihm folgen?

*

Wie wichtig ist Ihnen ein schickes Outfit im Sarg?

*

Kleideten Sie sich besser, als Sie noch einen Lebens-partner suchten?

Hätten Sie Ihren Vor-
gesetzten eingestellt?

Einstellen und
entlassen

Wie häufig muss man seine Mitarbeiter auswechseln, damit man sich das Geld fürs Teambuilding sparen kann?

*

Würden Sie Personen einstellen, die bedeutend intelligenter sind als Sie?

*

Würden Personen, die bedeutend intelligenter sind als Sie, Sie einstellen?

*

Wie stellen Sie sicher, dass Untergebene, die besser sind als Sie, Ihre Position nicht gefährden?

*

Wie lange setzen Sie ein Bewerbungsgespräch aus Höflichkeit fort, wenn schon nach der ersten Minute klar ist, dass Sie den Bewerber nicht einstellen werden?

*

Aus wie vielen Fehlbesetzungen besteht Ihr Team?

*

Haben Sie sich mitgezählt?

Lassen Sie in Ihrer Abteilung ab und zu eine Frau
sich hochschlafen, um den Gender-Gap zu schließen?

*

Entspricht es der Gleichberechtigung, wenn man
es nur in Ausnahmefällen zulässt, dass sich der Mann
hochschläft?

*

Wie viel Zeit verbringen Sie an Ihrem Arbeitsplatz
mit Jobsuche – Surfen auf Jobportalen, Polieren von
Lebensläufen, Telefonate mit Headhuntern?

*

Wenn Sie eine Stelle kündigen, hoffen Sie dann
insgeheim, dass die Firma durch Ihren Abgang in
Schwierigkeiten gerät? Warum?

*

Welche Ihrer Mitarbeiter hätten Sie schon lange
entlassen, wenn man sie per Knopfdruck aus der Welt
schaffen könnte statt in einem mühsamen Kündigungs-
gespräch?

Gibt es Mitarbeiter, die Sie nur deshalb nicht entlassen, weil sie Dinge über Sie wissen, die nicht unbedingt publik werden sollten?

*

Was aus dem intimsten Privatleben Ihres Vorgesetzten möchten Sie auf keinen Fall wissen?

Werden Ihre Hoffnungen mit zunehmendem Alter kleiner oder größer?

Hoffnungen und Ängste

Welches ist der Nutzen von Hoffnung? Entweder
wir können eine Situation verändern, dann brauchen
wir keine Hoffnung, sondern Handlung. Oder wir
können nichts an der Situation ändern, dann brauchen
wir auch keine Hoffnung.

*

Müsste es in einer Welt ohne Hoffnung nicht weniger
Enttäuschung geben?

*

Gibt es Situationen, in denen Sie hoffen, falsch verstanden zu werden?

*

Wie wertvoll sind Ihnen Hoffnungen, von denen Sie
wissen, dass sie sich nie erfüllen werden?

*

Würden Sie Ihre Ängste als Teil Ihres inneren Reich-
tums bezeichnen?

*

Was hätten Sie lieber: viele kleine Ängste oder eine
große Angst?

Angenommen, man errichtet Ihnen ein Denkmal.
In welcher Pose möchten Sie verewigt sein?

a) triumphierend
b) hoffend
c) ängstlich
d) nachdenklich
e) achselzuckend

*

Gesetzt den Fall, Sie würden, wie es Josef K. ergangen
ist, eines Morgens ohne Angabe von Gründen verhaftet.
Verwechslung ist ausgeschlossen, Sie sind gemeint.
Welches wäre Ihre erste Vermutung?

*

Wo würden Sie sich verstecken, wenn Sie mit inter-
nationalem Haftbefehl gesucht würden?

*

Welche von den Ängsten, die Sie mit sich herumtragen,
sind:

a) begründet?
b) übertrieben?
c) komplett haltlos?

Gibt es Ängste, die Sie haben sollten, aber nicht haben?

*

Wie oft passiert es Ihnen, dass Sie vor lauter Warn-
schildern die Gefahr nicht mehr sehen?

*

Welche Medikamente nehmen Sie gegen auffällig lang
andauernde Aufbruchsstimmung?

Zu welchem Preis würden Sie Ihre Seele verkaufen, wenn Sie sie ein Jahr später zum halben Preis wieder zurückkaufen könnten?

Seele

Definieren Sie Seele.

*

Welche Melodie entspricht am ehesten Ihrem gegenwärtigen Seelenzustand?

*

Wie viel Wert legen Sie auf ein gepflegtes inneres
Erscheinungsbild?

*

Würden Sie sich als fähigen Manager Ihrer Gefühle
bezeichnen?

*

Wann sind Sie ehrlicher: Wenn Sie in sich hineinlachen
oder aus sich heraus?

*

Für wie viele Gefühle haben Sie noch Platz, oder ist
Ihre Seele voll?

*

Wie groß ist Ihr Mitleid gegenüber Lebewesen ohne
Nervensystem – zum Beispiel gegenüber Bäumen,
die gefällt werden?

Wie steht es mit Ihrer Empathie gegenüber Steinen?

*

Angenommen, Sie könnten im Rahmen eines
seelischen Effizienzsteigerungsprogramms eines Ihrer
Gefühle wegrationalisieren: Welches wäre es?

*

Eine Kälte, aber keine körperliche: Wie wärmen Sie
sich bei seelischem Frösteln?

*

Ist Ihre Seele für Argumente empfänglich?

*

Sind Sie Ihrer Seele ein guter Gastgeber?

*

Wie offen reden Sie über Ihre seelischen Narben?

*

Wie dünn ist das Seil, auf dem Sie über Ihre inneren
Abgründe balancieren?

Ist die Tatsache, dass es Ihnen manchmal schwerfällt, Ihre Gefühle zu kontrollieren, Ausdruck eines reichen Seelenlebens oder eines armseligen Denkvermögens?

*

Was passiert mit einer Seele, die bei ihrer Wanderung vom Weg abkommt?

Wie viel attraktiver
wäre die Vorstellung vom
Jenseits, wenn es jenseits
des Jenseits nochmals
ein Jenseits gäbe?

Jenseits

Welche minimale Infrastruktur erwarten Sie im
Jenseits?

*

Wie lange, glauben Sie, wird man Sie nach Ihrem Tod
vermissen? Angabe in Tagen.

*

Wenn schon nicht Ihren Besitz, möchten Sie nicht
wenigstens die Fähigkeiten, die Sie sich im Lauf Ihres
Lebens angeeignet haben, ins Jenseits hinüberretten
können? Oder beruhigt Sie die Vorstellung, wieder bei
null anfangen zu müssen?

*

Werden die Jüngeren, die jedoch vor Ihnen gestorben
sind, im Jenseits die Älteren sein?

*

Wie schwer wird es Ihnen nach dem Tod fallen,
die Frivolität der Welt von außen zu betrachten,
im Wissen, dass Sie nie wieder eine Rolle darin
spielen werden?

Sind Sie der Typ, der Ameisen zertritt, oder haben Sie Angst, dass sich die Ameisen im nächsten Leben an Ihnen dafür rächen, beziehungsweise, dass Sie im nächsten Leben selbst eine Ameise werden?

*

Die allerletzten fünf Minuten, wenn man auf dem Totenbett liegt und Bilanz zieht: Warum kommt es darauf an, wie die Bilanz ausfällt, wenn man unmittelbar danach ohnehin tot ist?

*

Falls Ihnen die Bilanz trotzdem wichtig ist: Glauben Sie, dass das Ergebnis Sie freuen wird? Falls Sie davon nicht überzeugt sind, warum gehen Sie das Risiko ein, den Schlusspunkt Ihres Lebens zu versauen? Anders gefragt: Warum ziehen Sie nicht schon heute Bilanz und reservieren sich die letzten fünf Minuten für schönere Dinge? Oder hoffen Sie, Ihre Bilanz zwischen heute und dem Tod noch signifikant zu verbessern? Wie begründen Sie Ihre Hoffnung?

Wenn Sie vor dem Jüngsten Gericht stehen, möchten Sie, dass Ihre Angehörigen die Verhandlung per Videostreaming mitverfolgen können, oder genügt Ihnen die Anwesenheit Ihres PR-Beraters? Falls Sie Politiker waren, möchten Sie Vertreter der Presse dabeihaben?

*

Welche Maßnahmen haben Sie eingeleitet, um die Dauer und Intensität, mit der Sie nach Ihrem Tod vermisst werden, zu steigern?

Wie oft kommt es vor, dass Sie jemanden einladen und hoffen, dass er absagt?

Gäste

Was ist Ihnen unangenehmer: das Gehenmüssen oder
das Bleibenwollen?

*

Welches ist Ihre Lieblingsausrede, mit der Sie
sich frühzeitig verabschieden, wenn Sie bei Leuten
eingeladen sind, die Sie langweilen?

*

Enttäuscht es Sie, wenn man Ihren Namen vergessen
hat, oder trösten Sie sich damit, dass Ihnen das auch
ständig passiert?

*

Wenn Sie feststellen, dass Ihre Meinungen sich mit
den Meinungen Ihrer Gäste decken – freut Sie das,
oder stört es Sie?

*

In welchen Situationen langweilen Sie sich mehr –
wenn Sie allein sind oder in Gesellschaft (Geschäfts-
essen, Einladungen etc.)?

Wenn jemand für Sie gekocht hat und das Essen
schmeckt nicht, loben Sie die Kochkünste des Gast-
gebers dann trotzdem, oder entschuldigen Sie
Ihre Appetitlosigkeit, indem Sie zum Beispiel eine
Magenverstimmung vortäuschen?

*

Gibt es Gäste, die Sie nur einladen, um den anderen
Gästen zu beweisen, wie gut vernetzt Sie sind?

*

Wie gut gefallen Ihnen Gäste, die Ihnen gefällig sein
möchten?

*

Spüren Sie Anzeichen von Eifersucht, wenn ein Gast
es besser mit Ihrem Hund kann als Sie?

*

Von welchen Personen aus Ihrem Bekanntenkreis
hoffen Sie, nie eingeladen zu werden?

*

Fühlen Sie sich als Gast dieser Welt? Falls ja, verhalten
Sie sich auch dementsprechend?

Wie signalisieren Sie Ihren Gästen, dass der Abend zu Ende ist? Oder signalisieren Ihre Gäste Ihnen, dass der Abend zu Ende ist?

*

Welche Familienmitglieder würden Sie nie wieder einladen, wenn es nicht Familienmitglieder wären?

Wie groß ist der Nachholbedarf Ihres Status gegenüber Ihren Statussymbolen?

Status

Auf wie viel Status wären Sie bereit zu verzichten,
um dafür Status im Jenseits zu akkumulieren?

*

Welche Freundschaften werden sich auflösen, wenn Sie
Ihren gegenwärtigen Status verlieren?

*

Schildern Sie den perfekten Tag. Welche Luxusbrands
kommen darin vor?

*

Haben Sie Mitleid mit Menschen, die bescheidenere
Autos fahren als Sie?

*

Wenn Sie die Bodenhaftung verlieren, geben Sie die
Schuld Ihren Füßen oder dem Boden?

*

Ein Foto mit Ihnen und welcher Person würde Ihnen
am meisten Status verleihen?

*

Wie viel wäre es Ihnen wert, wenn ein Mondkrater nach
Ihnen benannt würde?

Welcher Anteil Ihres Status hängt von Ihrer Position ab
(Renommee des Arbeitgebers, Hierarchiestufe,
Funktion etc.) und welcher von Ihrer Persönlichkeit?
Anders gefragt: Wie hoch ist der Anteil der Einladungen,
die Sie nach Ihrem beruflichen Abgang nicht mehr
erhalten werden?

*

Ist Ihr aktueller Lebenspartner ein Statussymbol?

*

Färbt Ihr Status positiv oder negativ auf den Ihres
Lebenspartners ab?

*

Sind Sie der Meinung, dass es genügend Statussymbole
gibt, um Ihren gesellschaftlichen Rang adäquat zu
signalisieren?

*

Stört es Sie, dass Sie sich Ihren Rang nicht selbst
verleihen können, sondern dass Sie auf das Urteil der
anderen angewiesen sind?

*

Fühlen Sie sich Menschen, die etwa den gleichen gesellschaftlichen Rang haben wie Sie, auf eine spezielle
Weise verbunden?

Status

Sind Freundschaften mit Menschen, die etwa den gleichen gesellschaftlichen Rang haben wie Sie, leichter oder schwieriger zu erhalten als rangübergreifende Freundschaften?

*

Stimmt es Sie traurig, dass Sie Ihren Vielflieger-Status beim Tod verlieren werden?

Wie glücklich muss man sein, um nicht als Un-glücklicher aufzufallen?

Lebensfreude

Angesichts der Tatsache, dass kein Krieg, keine Hungersnot und keine Pest wütet: Wie erklären Sie es sich, dass Sie nicht vor Lebensfreude strotzen?

*

Wie viel Leid muss man durchlebt haben, um Glück erfahren zu können? Wie viel Leid-Erfahrung fehlt Ihnen noch, um richtig glücklich sein zu können?

*

Wäre es Ihnen lieber, Glück wäre durch Fleiß erlernbar, so, wie man ein Musikinstrument durch fleißiges Üben erlernt? Oder finden Sie es von Vorteil, dass die Wege zum Glück verschlungenen Pfaden gleichen, die man tappend und strauchelnd und oftmals im Dunkeln beschreitet? Warum, glauben Sie, ist Glück nicht durch Üben erlernbar?

*

Wie lange dauert bei Ihnen ein durchschnittlicher Glücksmoment? Und eine durchschnittliche Leidens-phase?

*

Gibt es Momente des Trübsinns und der Melancholie, die Sie glücklich machen? Falls ja: warum?

Wie viele Definitionen von Glück haben Sie – je nach Lebenslage – schon verwendet?

*

Wer ist für Ihr Glück zuständig?

a) die Politik
b) Ihr Lebenspartner
c) Ihr Chef
d) Gott beziehungsweise Ihr Pfarrer
e) Ihr Therapeut
f) Ihr Lieblingsfußballteam
g) Ihre Kinder
h) Ihr Hund
i) die Polizei
j) jemand anderes, nämlich:

*

Gibt es Bücher, denen Sie Ihr Lebensglück verdanken?

*

Was vergessen Sie schneller: glückliche oder unglückliche Zeiten?

Gibt es Menschen, die so penetrant glücklich sind, dass Sie ihnen am liebsten aus dem Weg gehen?

*

Welche Aussage entspricht am ehesten Ihrer Sicht der Dinge?

a) Das Wesentliche ist eine winzige Insel im Meer des Unwesentlichen.
b) Das Unwesentliche ist eine winzige Insel im Meer des Wesentlichen.
c) Es gibt keine Insel, alles ist unwesentlich.
d) Es gibt keine Insel, alles ist mit Bedeutung durchdrungen.

*

Gibt es Tierarten, die glücklicher sind als andere?

*

Welches sind die Hauptstrategien, mit denen Sie Ihr Glück sabotieren?

Wie viele Minuten zusätz-
lichen Lebens erwarten
Sie beim Schlucken einer
Vitamintablette?

Gesundheit

Wären Sie lieber gesünder oder glücklicher?

*

Gibt es Krankheiten, denen Sie etwas zu verdanken
haben – eine Einsicht, einen gestärkten Charakter,
das Loslassen falscher Freunde etc.?

*

Was liest sich spannender: Ihre Krankheitsgeschichte
oder Ihre Gesundheitsgeschichte?

*

Glauben Sie, dass es jenseits der Gesundheit noch
etwas Gesünderes gibt, einen Zustand, in dem es nicht
einmal die Angst vor der Krankheit gibt?

*

Wo fangen Sie sich üblicherweise Ihre Gesundheits-
erreger ein?

Ein guter Arzt ist einer, der …

a) … mich auf meine Initiative hin krankschreibt
b) … keine langen Wartezeiten hat
c) … mir ungeschminkt die Wahrheit sagt
d) … mir die Wahrheit verschweigt
e) … oft auf Kongressen ist
f) … lateinische Begriffe verwendet und viele Diplome an der Wand hängen hat
g) … mir, ohne zu zwinkern, Viagra verschreibt

*

Wenn eine Stunde Beten zu denselben Ergebnissen führte wie die Pillen, die Sie täglich schlucken, würden Sie den Zeitaufwand auf sich nehmen, oder ist es mit Pillen doch effizienter?

*

Kennen Sie – aus eigener Erfahrung – Medikamente, deren Nebenwirkungen größer sind als die Wirkung?

*

Von welchen Ihrer Ideen könnte man das Gleiche sagen?

Möchten Sie wissen, welche tödlichen Krankheiten Sie heute schon in sich tragen, die aber nie zum Ausbruch kommen, weil Sie zuvor an etwas anderem sterben werden?

*

Wie beurteilen Sie die Namen der Krankheiten (Krebs, Grippe, Hexenschuss, Pest, Abszess, Rachitis, Gelbsucht, Schlaganfall etc.) aus psychologischer Sicht?

*

Warum gibt es so wenig kranke Tiere und so viele kranke Menschen?

Wie fremd sind Ihnen Menschen aus anderen Generationen?

Generationen

Wenn Sie einem Jüngeren das Du anbieten, empfinden Sie dieses Du als:

a) eine Art Geschenk an den Jüngeren?
b) den Preis, den Sie bezahlen müssen, um dazuzugehören?
c) ein taktisches Manöver, damit der Jüngere Ihnen nicht zuvorkommt und das Du anbietet?

*

Nimmt man Sie noch ernst, oder müssen Sie schon dafür kämpfen?

*

Freuen Sie sich aufs Alter?

*

Warum?

*

Wenn Schulklassen auf Geheiß der Lehrer Altersheime besuchen und Lieder singen, wen bemitleiden Sie am meisten: die Schüler, die Lehrer oder die Alten?

*

Stört es Sie, dass Sie bereits jenseits der durchschnittlichen Lebenserwartung unserer Vorfahren leben?

Ab welchem Alter haben Sie es aufgegeben, damit zu rechnen, dass Sie noch entdeckt werden?

*

Hoffen Sie, den Generationenunterschied zu überbrücken, indem Sie mit jemandem aus einer anderen Generation ins Bett steigen?

*

Werden Sie mit zunehmendem Alter diplomatischer oder undiplomatischer, und empfinden Sie das eine oder das andere als Fortschritt?

*

Erwarten Sie im Alter das, was man bei Bäumen »Angstblüte« nennt, ein letztes Aufbäumen, unbändige Lebenslust, überschäumende Vitalität vor dem endgültigen Aus?

*

Fühlen Sie sich mit fortschreitendem Alter freier, weil die Fehler, die Sie machen, in Bezug auf Ihr Leben keine langfristigen Folgen mehr haben können?

Würden Sie es vorziehen, wenn die Symptome
des Alterns nicht schleichend, sondern sprunghaft in
Erscheinung treten würden, so dass Sie jeweils
am ersten Januar alle neuen Altersleiden des Jahres
bekämen und dafür während des Jahres mit keiner
Verschlechterung rechnen müssten?

*

Angenommen, es gäbe den letzten Band Ihrer
Biographie bereits heute als E-Book zu kaufen.
Würden Sie ihn downloaden?

Das Leben ist für meine spätere Praxis sehr nützlich. (trifft gar nicht zu / trifft eher nicht zu / teils, teils / trifft eher zu / trifft voll und ganz zu)

Check-out-Fragebogen

Bewerten Sie das Leben von 1 (sehr schlecht) bis 6 (hervorragend):

a) professioneller Empfang
b) verständliche Erklärung zur Infrastruktur
c) Länge und Häufigkeit der Pausen
d) Freundlichkeit der Mitmenschen
e) Zusammensetzung (Mix) der Mitmenschen
f) Ordnung und Sauberkeit der Räume
g) Qualität des Essens
h) Nützlichkeit der Inhalte

*

Trug die Art, in der das Leben gestaltet war, zum Verständnis bei?

*

Das Thema des Lebens hat mich interessiert. (gar nicht / wenig / ziemlich / sehr)

*

Das Leben verlief nach einer klaren Gliederung, es war gut und übersichtlich. (trifft gar nicht zu / trifft eher nicht zu / teils, teils / trifft eher zu / trifft voll und ganz zu)

Gott griff bei meinen improvisierten Handlungen und Wortbeiträgen strukturierend ein. (stimmt / stimmt eher / stimmt eher nicht / stimmt nicht)

*

Gott gab auf meine Beiträge hilfreiches Feedback. (gar nicht / selten / ab und zu / oft / immer)

*

Das im Leben erworbene Wissen wird meine Leistungsfähigkeit steigern. (trifft gar nicht zu / trifft eher nicht zu / teils, teils / trifft eher zu / trifft voll und ganz zu)

*

Das wirklich Relevante im Leben wurde zu wenig hervorgehoben. (stimmt / stimmt eher / stimmt eher nicht / stimmt nicht)

*

Aus Zeitmangel konnte auf verschiedene Themen nicht näher eingegangen werden. (stimmt / stimmt eher / stimmt eher nicht / stimmt nicht)

Zahlreiche Störungen verhinderten ein effizientes
Leben. (trifft gar nicht zu / trifft eher nicht zu / teils, teils /
trifft eher zu / trifft voll und ganz zu)

*

Es gab ausreichend Zeit für Pausen und Erholung.
(trifft gar nicht zu / trifft eher nicht zu / teils, teils / trifft
eher zu / trifft voll und ganz zu)

*

Das Leben ist mir jetzt viel verständlicher. (trifft gar
nicht zu / trifft eher nicht zu / teils, teils / trifft eher zu /
trifft voll und ganz zu)

*

Viele meiner Fragen blieben unbeantwortet. (trifft gar
nicht zu / trifft eher nicht zu / teils, teils / trifft eher zu /
trifft voll und ganz zu)

*

Wie oft haben Sie gefehlt?
Bitte kreuzen Sie die Gründe an, wenn Sie oft fehlten:

a) Der Stoff war uninteressant.
b) Die Teilnehmer waren uninteressant.
c) Der Veranstaltungszeitpunkt hat nicht gepasst.
d) Die theoretische Lektüre hat genügt.

Gelernt habe ich im Leben insgesamt

a) sehr wenig
b) wenig
c) eher wenig
d) eher viel
e) viel
f) sehr viel

*

Haben Sie Anregungen zur Verbesserung?
Sollte Ihnen der Platz nicht ausreichen, verwenden
Sie ein zusätzliches Heft.

*

Gesamthaft betrachtet würde ich das Leben anderen
empfehlen. (ja / nein)

*

Ihre Kontaktdaten im nächsten Leben (für Rückfragen).

Dank

Ich danke Koni Gebistorf für das mehrmalige geduldige Lesen, Kommentieren, Bewerten und Verbessern der Fragen. Meiner Lektorin bei Diogenes, Ursula Baumhauer, danke ich für das strenge Lektorat und den unerlässlichen letzten Schliff. Danke, lieber Thomas Schenk und lieber Schoscho Rufener, für die intelligenten Diskussionen rund um die Themen Lebensziele, Hoffnung und Glück, aus denen einige Fragen hervorgegangen sind. Die meisten dieser Fragen sind in einer wöchentlichen Kolumne im *stern* erschienen. Für die sympathische und professionelle Zusammenarbeit danke ich dem Chefredakteur Dominik Wichmann und dem stellvertretenden Chefredakteur Christoph Koch. Der Intendant des Lucerne Symphony Orchestra, Numa Bischof, hatte die verrückte Idee, einige dieser Fragebogen auf die Bühne zu bringen – musikalisch untermalt durch die junge Starpianistin Sophie Pacini. Diesen beiden Talenten möchte ich dankend zuwinken. Mein größter Dank geht an meine Frau Bine. Viele dieser Fragen stammen von ihr, andere haben wir während unserer ausgedehnten abendlichen Spaziergänge durch

Luzern gemeinsam entwickelt. Unsere beiden Säuglinge, die Zwillinge Numa und Avi, haben auch kräftig zum Buch beigetragen. Ich konnte sie nämlich jederzeit als glaubwürdigen Grund für den verspäteten Abgabetermin des Manuskripts beim Verlag vorschieben.

Rolf Dobelli

*Bitte beachten Sie
auch die folgenden Seiten*

Rolf Dobelli
im Diogenes Verlag

Fünfunddreißig
Eine Midlife Story

Häppchen und Wein, ausgelassene Feststimmung in der Firma, denn Gehrer, der brillante Marketingchef, wird aus Harvard zurückerwartet. Und das an seinem 35. Geburtstag. Tatsächlich ist er in Zürich gelandet, allerdings nicht mit der Maschine aus Boston. Gehrer war in Indien. Und er sitzt an diesem kalten Februartag nicht etwa in seinem Büro, sondern auf einer Bank am See. In einem entwaffnend präzisen Selbstgespräch zieht er Bilanz. Was geschieht im Zenit des Lebens? Wer ist er mit 35? Und was ist mit 35 plötzlich anders? Das Erwachen: Gehrer möchte nichts lieber als Gehrer loswerden, ein anderer werden. Aber da beginnt sein Problem.
Dobelli enthüllt scharfsinnig und poetisch zugleich ein zeitgenössisches Lebensgefühl und entwirft »eine kleine Philosophie des Durchbrennens«.

»Rolf Dobelli begeistert mit seinem Debütroman. Eine kritische und dennoch komische Bilanz über einen, der trotz aller Erfolge nie gelebt hat.«
Kerstin Schneider / Handelsblatt, Düsseldorf

Himmelreich
Roman

»Nicht schon wieder eine dieser Geschichten, ein Mann und eine jüngere Frau, und die einzige Herausforderung, die darin besteht, das Ganze mit Anstand rückgängig zu machen«, denkt Philip Himmelreich, als ihm die Affäre mit der wesentlich jüngeren Buchhändlerin Josephine über den Kopf zu wachsen droht. Doch diese Geschichte verläuft überraschend anders.

»Wer begreifen will, wie ein entfesselter Turbokapitalismus Traumgebirge einebnet und Seelenlandschaften verwüstet, sollte Rolf Dobellis *Himmelreich* lesen.«
Hendrik Werner / Die Welt, Berlin

Wer bin ich?

777 indiskrete Fragen

Fragen, denen sich jeder mindestens einmal im Leben stellen muss. Zur diskreten Selbsterforschung oder als amüsantes Gesellschaftsspiel. Fragen, die belustigen, die unter die Haut gehen, unerwartete, hinterhältige Fragen, die sich ihrerseits in Frage stellen wie in einem Kaleidoskop – und garantiert anregen: zum Lauf der Welt, zu Glück, Liebe, Sex, Erfolg, Karriere, Alter, Gott und Tod.

»Eine an- und aufregende Lektüre, die nicht ohne Folgen bleibt. Denn die Antworten muss jeder selbst für sich finden.«   *Nürnberger Nachrichten*

»Amüsant, charmant, bisweilen subversiv.«
Freie Presse, Chemnitz

Turbulenzen

777 bodenlose Gedanken

Tatort: ein Mann in einem Flugzeug auf dem Weg über den Atlantik. Bevor der Alte Kontinent ihn wiederhat, Nachdenken über sich, über Gott und die Welt. Überraschendes, Hintergründiges, Absurdes, Alltägliches, Gedankenblitze – Formulierungen, die sich wie Haken festsetzen und zum Weiterdenken und -dichten anregen.

»Eine elegant sachliche Sprache mit sparsam, aber punktgenau eingesetztem Wortwitz.«
Deutschlandradio, Köln

»Klar, knapp und knackig.«   *Luzerner Zeitung*

Massimo Marini

Roman

In einem Koffer wurde er als Säugling in die Schweiz geschmuggelt, neun Jahre lang mussten seine Eltern ihn versteckt halten, um ihre Arbeitsbewilligung nicht zu verlieren, der Vater ein harter Malocher, der es zum erfolgreichen Unternehmer schafft – alles für den Sohn Massimo, der es einmal besser haben soll.

Dessen Leben verläuft weniger gradlinig und glänzt mit Dramatik und Höhepunkten. Vom italienischen Immigrantenkind zum Zürcher Gesellschaftslöwen. Vom Opernhausdemonstranten zum Opernhaussponsor. Vom Existenzphilosophen zum Bauunternehmer. Vom Linken zum Rechten. Vom Tiefen zum Hohen. Vom Süden zum Norden. Bis er einer Frau begegnet, die sein Glück krönt – und zerstört.

Ein umfassendes Gesellschaftspanorama und das Porträt einer vitalen, schillernden Persönlichkeit.

»Rolf Dobelli legt hier ein Meisterwerk vor. Packend, lehrreich und mitreißend erzählt.« *Bücher, Berlin*

Fragen an das Leben

Dobellis Fragen an das Leben und an sich selbst: Fragen, die zum Lachen oder Schmunzeln bringen, die unter die Haut gehen, unerwartete, boshafte Fragen, die zuspitzen oder neue Fragen aufwerfen – jedenfalls immer nachdenklich machen und anregen. Zu Erfolg und Karriere, Geld, Liebe, Ehe, Sex, Alter, Tod und Gott. Spielerisch ironische Fragen, die jeden betreffen und garantiert bei jedem etwas auslösen.

Connie Palmen
im Diogenes Verlag

Connie Palmen, geboren 1955, wuchs im Süden Hollands auf und kam 1978 nach Amsterdam, wo sie Philosophie und Niederländische Literatur studierte. Ihr erster Roman *Die Gesetze* erschien 1991 und wurde gleich ein internationaler Bestseller. Sie erhielt für ihre Werke zahlreiche Auszeichnungen, so wurde sie für den Roman *Die Freundschaft* 1995 mit dem renommierten AKO-Literaturpreis ausgezeichnet. Connie Palmen lebt in Amsterdam.

»Es ist selten, dass jemand mit so viel Ernsthaftigkeit und Witz, Offenheit und Intimität, Einfachheit und Intelligenz zu erzählen versteht.«
Martin Adel / Der Standard, Wien

»Connie Palmen schreibt tiefsinnige Romane, die warmherzig und unterhaltsam sind – trotz messerscharfer Analysen menschlicher Gefühle.«
Elle, München

Die Gesetze
Roman. Aus dem Niederländischen
von Barbara Heller
Auch als Diogenes Hörbuch erschienen, gelesen von Christiane Paul

Die Freundschaft
Roman. Deutsch von Hanni Ehlers

I.M.
Ischa Meijer – In Margine,
In Memoriam
Deutsch von Hanni Ehlers

Die Erbschaft
Roman. Deutsch von Hanni Ehlers

Ganz der Ihre
Roman. Deutsch von Hanni Ehlers

Idole und ihre Mörder
Deutsch von Hanni Ehlers

Luzifer
Roman. Deutsch von Hanni Ehlers

Logbuch eines
unbarmherzigen Jahres
Deutsch von Hanni Ehlers

Martin Suter
im Diogenes Verlag

Small World
Roman

Erst sind es Kleinigkeiten: Konrad Lang, Mitte sechzig, stellt aus Versehen seine Brieftasche in den Kühlschrank. Bald vergisst er den Namen der Frau, die er heiraten will. Je mehr Neugedächtnis ihm die Krankheit – Alzheimer – raubt, desto stärker kommen früheste Erinnerungen auf. Und das beunruhigt eine millionenschwere alte Dame, mit der Konrad seit seiner Kindheit auf die ungewöhnlichste Art verbunden ist.

»Fesselnd. Eine der großen Qualitäten von Martin Suters Roman liegt in der Präzision, mit der er die Krankheit und Umgebung beschreibt, und in der Gelassenheit, mit der er die Geschichte langsam vorantreibt.« *Le Monde, Paris*

Auch als Diogenes Hörbuch erschienen,
gelesen von Dietmar Mues

Die dunkle Seite des Mondes
Roman

Starwirtschaftsanwalt Urs Blank, fünfundvierzig, Fachmann für Fusionsverhandlungen, hat seine Gefühle im Griff. Doch dann gerät sein Leben aus den Fugen. Ein Trip mit halluzinogenen Pilzen führt zu einer gefährlichen Persönlichkeitsveränderung, aus der ihn niemand zurückzuholen vermag. Blank flieht in den Wald. Bis er endlich begreift: Es gibt nur einen Weg, um sich aus diesem Alptraum zu befreien.

»Eine gründlich recherchierte, präzise, elegant und humorvoll geschriebene Geschichte. Martin Suter bietet ein Optimum an Belehrung, Spannung und Vergnügen.« *Friedmar Apel / Frankfurter Allgemeine Zeitung*

»Das Buch ist spannend wie ein Thriller und trifft wie ein Psycho-Roman – eine ungewöhnliche Variante von *Dr. Jekyll und Mr. Hyde.*« *Brigitte, Hamburg*

Auch als Diogenes Hörbuch erschienen,
gelesen von Gert Heidenreich

Ein perfekter Freund

Roman

Durch eine rätselhafte Kopfverletzung hat der Journalist Fabio Rossi eine Amnesie von fünfzig Tagen. Als er seine Vergangenheit zu rekonstruieren beginnt, stößt er dabei auf ein Bild von sich, das ihn zutiefst befremdet. Er scheint merkwürdige Dinge getan, ein seltsames Verhalten an den Tag gelegt zu haben in jener Zeit. Aber offenbar gibt es Leute, denen es lieber wäre, jener Fabio bliebe ausgelöscht.

»In Martin Suters *Ein perfekter Freund* hungern die Leser nach Informationen wie die Hauptfigur. Jedes neue Häppchen wird stilvoll serviert: keine Schnörkel, keine langatmigen Beschreibungen, viele, aber keine überflüssigen Details. Handlung ist Trumpf, Suter das As.« *Frankfurter Rundschau*

Lila, Lila

Roman

So rein wie die Liebesgeschichte, die er als Manuskript in einem alten Nachttisch findet, sind auch Davids Gefühle für Marie. Und er möchte ihre Liebe, um jeden Preis. Dafür muss er ein anderer werden als der, der er ist. David schlüpft in eine Identität, die ihm irgendwann über den Kopf wächst.

»Wie stets bei Martin Suter geht es auch in seinem wunderbar geschriebenen Roman *Lila, Lila* um den Verlust von Identität. Suter packt einen von der ersten Seite an. Unbedingt lesen!« *Brigitte, Hamburg*

Lila, Lila wurde 2009 von Alain Gsponer mit Daniel Brühl, Hannah Herzsprung und Henry Hübchen in den Hauptrollen verfilmt.

Auch als Diogenes Hörbuch erschienen,
gelesen von Daniel Brühl

Der Teufel von Mailand
Roman

Sonias Sinne spielen verrückt: Sie sieht auf einmal Geräusche, schmeckt Formen oder fühlt Farben. Ein Aufenthalt in den Bergen soll ihr Gemüt beruhigen, doch das Gegenteil tritt ein: Im Spannungsfeld von archaischer Bergwelt und urbaner Wellness, bedrohlichem Jahrhundertregen und moderner Telekommunikation beginnt ihre überreizte Wahrnehmung erst recht zu blühen – oder gerät die Wirklichkeit aus den Fugen?

»Hochspannender Stoff, angerichtet mit der für den Schweizer Bestsellerautor Martin Suter so typischen Milieukenntnis, die dem Roman die wunderschönen Boshaftigkeiten schenkt.«
Verena Lugert/Neon, München

Auch als Diogenes Hörbuch erschienen,
gelesen von Julia Fischer

Der letzte Weynfeldt
Roman

Adrian Weynfeldt, Mitte fünfzig, Junggeselle, großbürgerlicher Herkunft, Kunstexperte bei einem internationalen Auktionshaus, lebt in einer riesigen Wohnung im Stadtzentrum. Mit der Liebe hat er abgeschlossen. Bis ihn eines Abends eine jüngere Frau dazu bringt, sie – entgegen seinen Gepflogenheiten – mit nach Hause zu nehmen. Am nächsten Morgen steht sie außerhalb der Balkonbrüstung und droht zu springen. Adrian vermag sie davon abzuhalten, doch von nun an macht sie ihn für ihr Leben verantwortlich. Weynfeldts geregeltes Leben gerät aus den Fugen – bis er schließlich merkt, dass nichts ist, wie es scheint.

»Martin Suter spinnt und spannt über Adrian Weynfeldt ein höchst intrigantes, höchst elegantes, cooles Netz um Kunstmarkt, Kunst und Lebenskunst.«
Elmar Krekeler / Die Welt, Berlin

Auch als Diogenes Hörbuch erschienen,
gelesen von Gert Heidenreich

Der Koch
Roman

Maravan, 33, tamilischer Asylbewerber, arbeitet als Hilfskraft in einem Zürcher Sternelokal, tief unter seinem Niveau. Denn Maravan ist ein begnadeter, leidenschaftlicher Koch. Als er gefeuert wird, ermutigt ihn seine Kollegin Andrea zu einem Deal der besonderen Art: einem gemeinsamen Catering für Liebesmenüs. Anfangs kochen sie für Paare, die eine Sexualtherapeutin vermittelt. Doch der Erfolg von *Love Food* spricht sich herum, und eine viel zahlungskräftigere Klientel bekundet Interesse: Männer aus Politik und Wirtschaft – und deren Grauzonen.

»Martin Suter erzählt umstandslos, geschliffen, handwerklich so brillant, dass Neider es als konventionell abqualifizieren müssen.« *Die Weltwoche, Zürich*

Auch als Diogenes Hörbuch erschienen,
gelesen von Heikko Deutschmann

Die Zeit, die Zeit
Roman

Etwas war anders, aber er wusste nicht, was.
Ist es verrückt, wenn einer glaubt, die Zeit lasse sich »zurückdrehen«? Es ist verrückt, denkt Peter Taler anfangs, als er das Vorhaben des alten Knupp begreift,

der ihm gegenüber wohnt. Denn der möchte etwas denkbar Unmögliches möglich machen.

»Wie immer genial konstruiert. Ein Roman, der zum Denken anregt und unsere Welt für einen Moment auf den Kopf stellt. Ein absolutes Muss für alle Suter-Fans und die, die es werden wollen.«
Nicole Abraham / HR1, Frankfurt am Main

Auch als Diogenes Hörbuch erschienen,
gelesen von Gert Heidenreich

Außerdem erschienen:

Allmen und die Libellen
Roman
Auch als Diogenes Hörbuch erschienen, gelesen von Gert Heidenreich

*Allmen und
der rosa Diamant*
Roman
Auch als Diogenes Hörbuch erschienen, gelesen von Gert Heidenreich

Allmen und die Dahlien
Roman
Auch als Diogenes Hörbuch erschienen, gelesen von Gert Heidenreich

*Allmen und die
verschwundene María*
Roman
Auch als Diogenes Hörbuch erschienen, gelesen von Gert Heidenreich

Business Class
Geschichten aus der Welt des Managements

Business Class
Neue Geschichten aus der Welt des Managements

*Richtig leben
mit Geri Weibel*
Sämtliche Folgen. Geschichten

Huber spannt aus
und andere Geschichten aus der Business Class

Unter Freunden
und andere Geschichten aus der Business Class

Das Bonus-Geheimnis
und andere Geschichten aus der Business Class

Abschalten
Die Business Class macht Ferien

Alles im Griff
Eine Business Soap
Auch als Diogenes Hörbuch erschienen, gelesen von Stefan Kurt

Business Class
Geschichten aus der Welt des Managements. Liveaufnahme von Martin Suters Lesung im Casinotheater Winterthur im Oktober 2006
Diogenes Hörbuch, 1 CD

Lukas Hartmann
im Diogenes Verlag

Lukas Hartmann, geboren 1944 in Bern, studierte
Germanistik und Psychologie. Er war Lehrer, Jugend-
berater, Redakteur bei Radio DRS, Leiter von Schreib-
werkstätten und Medienberater. Heute lebt er als freier
Schriftsteller in Spiegel bei Bern und schreibt Romane
für Erwachsene und für Kinder.

»Lukas Hartmann kann das: Geschichte so erzählen,
dass sie uns die Gegenwart in anderem Licht sehen
lässt.« *Augsburger Allgemeine*

»Lukas Hartmann entfaltet eine große poetische Kraft,
voller Sensibilität und beredter Stille.«
Neue Zürcher Zeitung

Pestalozzis Berg
Roman

Die Seuche
Roman

Bis ans Ende der Meere
Die Reise des Malers John Webber mit
Captain Cook. Roman

Finsteres Glück
Roman

Räuberleben
Roman

Der Konvoi
Roman

Abschied von Sansibar
Roman

Kinder- und Jugendbücher:

Anna annA
Roman

So eine lange Nase
Roman

*All die verschwundenen
Dinge*
Eine Geschichte von Lukas Hartmann. Mit Bildern von Tatjana Haupt-
mann

André Comte-Sponville
im Diogenes Verlag

André Comte-Sponville wurde 1952 in Paris geboren. Der ehemalige Professor für Philosophie an der
Sorbonne widmet sich seit 1998 ausschließlich dem
Schreiben. Mit dem internationalen Bestseller *Ermu-
tigung zum unzeitgemäßen Leben* begründete er eine
neue Welle, die ›Philosophie für alle‹. André Comte-
Sponville lebt in Paris.

»Es ist großartig, wie Comte-Sponville von sich aus-
gehend über sich hinaus denkt und es schafft, auch
dieses komplexe Erleben sprachlich zu fassen und
nach-denkend abzubilden.«
Barbara Dobrick / Deutschlandradio Kultur, Berlin

»Große Ideen – klug, humorvoll und klar dargestellt.«
Publishers Weekly, New York

Woran glaubt ein Atheist?
Spiritualität ohne Gott
Aus dem Französischen von
Brigitte Große

Kann Kapitalismus moralisch sein?
Deutsch von Hainer Kober

Glück ist das Ziel, Philosophie der Weg
Deutsch von Hainer Kober. Mit Zeichnungen
von Jean-Jacques Sempé

Liebe
Eine kleine Philosophie
Deutsch von Hainer Kober